한국어능력시험

HOT TOPIK

읽기 토픽 II
Reading

New
개정판

한글파크

토픽 II 개정판을 내면서

TOPIK(한국어능력시험) 개편 이후 새로운 유형의 시험에 대비하기 위한 『핫토픽 II 읽기』가 출간된 지 4년이라는 시간이 흘렀습니다. 그동안 많은 분들이 보내 주신 관심과 성원에 먼저 감사를 드립니다.

TOPIK 읽기 II에서 높은 점수를 얻기 위해서는 다양한 주제의 지문을 접하고 어휘를 꾸준히 익히며 여러 유형의 문제에 익숙해져야 합니다. 이에 기출문제를 분석하여 문제의 유형별, 주제별로 전략을 다르게 한 읽기 시험 대비서인 『핫토픽 II 읽기』를 집필하였습니다.

그러나 출간 이후 시간이 흐르면서 새로운 이슈들은 계속 등장하고 있고 이러한 이슈를 주제로 한 문제들도 시험에 출제되고 있습니다. 읽기 시험을 준비하는 학습자와 교사는 더욱 다양해진 주제의 문제를 준비할 필요가 있습니다. 따라서 시대적 흐름을 반영하여 개정판을 출간하게 되었습니다.

『핫토픽 II 읽기』 개정판은 혼자 시험을 준비하는 학습자들의 이해를 돕기 위해 유형 설명과 문제 해설에 가능한 쉬운 어휘를 사용하였습니다. 또한 실제 시험에서 시간 부족으로 문제를 풀지 못하는 상황을 예방하기 위해 각 문제에 적정시간과 실제 소요시간을 기록할 수 있게 하였으며, 학습자 스스로 꾸준히 학습할 수 있도록 학습 계획표를 함께 실었습니다.

모쪼록 본 대비서가 TOPIK 읽기 시험을 준비하는 학습자들에게 조금이나마 도움이 되기를 바라며 이 책의 출간을 흔쾌히 허락해 주신 엄태상 대표님과 이 책이 나오기까지 물심양면으로 도움을 주신 한글파크 편집진 여러분께도 진심으로 감사를 드립니다.

김순례, 고민지

토픽 II TOPIK 읽기 시험이 궁금해요

Q 개정된 TOPIK(한국어능력시험) II 에는 듣기, 쓰기, 읽기만 있는데요,
그럼 읽기 시험을 준비할 때 어휘·문법은 공부하지 않아도 되나요?

A 어휘·문법은 듣기, 쓰기, 읽기처럼 시험 과목으로 독립되어 있지 않지만 듣기,
쓰기, 읽기에 이미 다 포함되어 있습니다. 그래서 어휘·문법을 모르고 듣기,
쓰기, 읽기 시험을 잘 치를 수는 없습니다.

Q 읽기 시험을 볼 때 모르는 어휘가 많아서 힘들어요.

A 한국 사람이라고 한국어 어휘를 모두 다 아는 것은 아닙니다. 앞뒤 문맥의 흐름과 문장
을 통해 모르는 어휘를 추측해서 이해하는 것이지요. 그러니까 시험을 볼 때 모르는 어
휘가 있어도 당황하지 마세요. 그리고 모르는 어휘에만 집중하지 말고 글 전체를 빨리
읽고 무슨 내용인지 추측하고 파악해야 합니다.

Q 특정 분야의 전문 용어가 나오면 어떡하지요?

A TOPIK에서는 사회, 문화, 과학, 경제, 상식 등 다양한 주제가 읽기 문제로 출제될 수 있습니다.
따라서 다양한 주제의 문장을 많이 읽고 접하는 것이 좋습니다.

Q 읽기 시험을 볼 때 시간이 부족해요.

A 시간이 부족하다면 너무 천천히 읽는 것은 아닌지 생각해 봐야 합니다. 그리고 읽기
문제의 유형이 다양하므로 유형별 문제에 익숙해지는 것이 중요합니다. 또한 연습문
제나 모의고사를 풀 때는 꼭 시간을 체크하면서 시간을 단축시키는 연습을 하세요.

☑ Part 1 유형편

35회부터 60회까지의 기출문제를 분석하여 18개의 유형으로 나누고 각 유형을 이해할 수 있도록 쉽게 설명하였다. 특히 기출문제 중 각 유형에 해당하는 문제 1~2개를 제시하고 문제 해설을 곁들어 유형 이해 및 문제 풀이를 도왔다.

'유형 적중 Tip'을 넣어 해당 유형의 문제를 풀기 위해 어떻게 공부하고 준비해야 하는지를 설명하였다. 또한 해당 유형의 문제를 푸는 데 걸리는 시간을 제시하여 시간 배분에 용이하도록 했다.

유형 적중 Tip을 활용하여 기출문제를 풀어 보고 문제를 맞게 풀었는지 확인할 수 있도록 풀이와 정답을 제시하였다.

'유형 적중 Tip'을 적용하여 스스로 문제를 풀어 볼 수 있는 기회를 제공하였다.

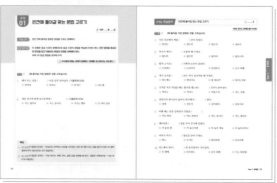

☑ Part 2 주제편

시험에 출제되었던 텍스트를 분석하여 10개의 주제로 분류하였다.

읽기 시험에서 가장 많이 출제되는 '내용 파악하기', '괄호 넣기', '주제 찾기'의 세 유형으로 나누고 하나의 유형을 4개의 문제로 구성하였다.

각각의 문제에는 문제 풀이에 걸린 시간을 체크할 수 있도록 하였고 혼자 공부하는 학습자들도 쉽게 이해할 수 있게 해설과 주요 어휘를 제시하였다.

주제가 끝날 때마다 주요 어휘를 영어, 중국어, 일본어, 베트남어로 번역하여 제시하였다.

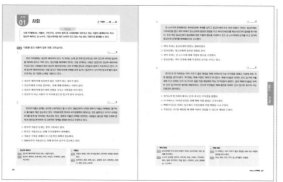

Part 3 모의고사

유형편과 주제편으로 읽기 시험을 준비한 후 자신의 실력이 어느 정도인지 스스로 체크해 볼 수 있도록 모의고사 2회분을 수록하였다. 실제 시험을 치르는 것처럼 시간을 정해서 문제를 풀면서 자신의 실력이 어느 정도인지 확인해 볼 수 있다.

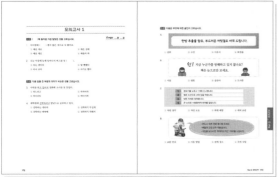

부록

부록에는 문법 및 표현 120, 행사·안내·도표를 나타내는 어휘 및 표현, 속담100, 관용표현100, 주제별 어휘(가나다순)를 실었다.

목 차

토픽 II 소개

시험의 목적

- ☑ 한국어를 모국어로 하지 않는 재외동포 · 외국인의 한국어 학습 방향 제시 및 한국어 보급 확대
- ☑ 한국어 사용 능력을 측정 · 평가하여 그 결과를 국내 대학 유학 및 취업 등에 활용

응시 대상

한국어를 모국어로 하지 않는 재외동포 및 외국인으로서

- ☑ 한국어 학습자 및 국내 대학 유학 희망자
- ☑ 국내 · 외 한국 기업체 및 공공기관 취업 희망자
- ☑ 외국 학교에 재학중이거나 졸업한 재외국민

주관 기관

교육부 국립국제교육원

시험 수준 및 등급

- ☑ 시험수준: TOPIK I, TOPIK II
- ☑ 평가등급: 6개 등급(1~6급)
- ☑ 획득한 종합점수를 기준으로 판정되며, 등급별 분할점수는 아래와 같습니다.

TOPIK I		TOPIK II			
1급	2급	3급	4급	5급	6급
80점 이상	140점 이상	120점 이상	150점 이상	190점 이상	230점 이상

시험 시간

구분	교시	영역	시간
TOPIK I	1교시	듣기/읽기	100분
TOPIK II	1교시	듣기/쓰기	110분
	2교시	읽기	70분

문항구성

❶ 수준별 구성

시험 수준	교시	영역/시간	문제유형	문항수	배점	총점
TOPIK I	1교시	듣기(40분)	선택형	30	100	200
		읽기(60분)	선택형	40	100	
TOPIK II	1교시	듣기(60분)	선택형	50	100	300
		쓰기(50분)	서답형	4	100	
	2교시	읽기(70분)	선택형	50	100	

❷ 문제유형

· 선택형 문항(4지선다형)
· 서답형 문항(쓰기 영역)
  – 문장완성형(단답형): 2문항
  – 작문형: 2문항
  (200~300자 정도의 중급 수준 설명문 1문항, 600~700자 정도의 고급 수준 논술문 1문항)

문제지의 종류

종류	A형	B형(홀수, 짝수)
시행 지역	미주, 유럽, 아프리카, 오세아니아	아시아
시행 요일	토요일	일요일

토픽 읽기 시험 내용

토픽 II의 '읽기' 영역은 주어진 글을 읽고 문제를 푸는 것으로 다양한 형식의 문제가 제시된다.

어휘·문법 관련 표현 고르기, 밑줄 친 부분과 의미가 비슷한 것 고르기, 글의 내용을 보고 주제 찾기, 도표 분석하기, 문맥에 따른 글 순서 고르기, 문맥에 알맞은 말 고르기, 적절한 위치에 문장 넣기, 글과 일치하는 내용 고르기 등과 같은 다양한 유형의 문제가 출제된다. 그리고 한 지문을 통해 2~3개의 문제를 제시하기도 한다. 글의 주제로는 사회, 환경, 문화, 과학, 교육, 경제, 문학 등 다양한 분야의 글이 출제되는 편이다.

다양한 주제가 다양한 유형의 문제로 출제되지만 문제를 푸는 데 포인트가 되는 것은 바로 제시된 글의 핵심을 파악하는 것이다. 글의 내용이 무엇인지 파악하다면 어떤 형식의 문제라도 어렵지 않게 풀 수 있다. 따라서 '읽기' 영역을 공부하기 위해서는 최대한 많은 글을 접하고 그 글에서 말하고자 하는 바가 무엇인지 찾아보는 것이 중요하다고 할 수 있다. 그리고 문제에서 '무엇을 묻고자 하는지'를 파악하는 것도 중요하다. 또한 70분 동안 50문제를 풀어야 하기 때문에 읽기 연습을 많이 하지 않은 수험생들에게는 시간이 부족하게 느껴질 수도 있다. 그러므로 틈틈이 짧은 글이라도 많은 글을 읽으면서 어휘와 문법 공부도 병행하며 읽기 능력을 향상시킬 수 있어야 '읽기' 영역에서 높은 점수를 얻을 수 있다.

등급별 평가 기준

시험수준	등급	평가기준
TOPIK I	1급	– '자기 소개하기, 물건 사기, 음식 주문하기' 등 생존에 필요한 기초적인 언어 기능을 수행할 수 있으며 '자기 자신, 가족, 취미, 날씨' 등 매우 사적이고 친숙한 화제에 관련된 내용을 이해하고 표현할 수 있다. – 약 800개의 기초 어휘와 기본 문법에 대한 이해를 바탕으로 간단한 문장을 생성할 수 있다. 간단한 생활문과 실용문을 이해하고, 구성할 수 있다.
	2급	– '전화하기, 부탁하기' 등의 일상생활에 필요한 기능과 '우체국, 은행' 등의 공공시설 이용에 필요한 기능을 수행할 수 있다. – 약 1,500~2,000개의 어휘를 이용하여 사적이고 친숙한 화제에 관해 문단 단위로 이해하고 사용할 수 있다. – 공식적 상황과 비공식적 상황에서의 언어를 구분해 사용할 수 있다.
TOPIK II	3급	– 일상생활을 영위하는 데 별 어려움을 느끼지 않으며, 다양한 공공시설의 이용과 사회적 관계 유지에 필요한 기초적 언어 기능을 수행할 수 있다. – 친숙하고 구체적인 소재는 물론, 자신에게 친숙한 사회적 소재를 문단 단위로 표현하거나 이해할 수 있다. – 문어와 구어의 기본적인 특성을 구분해서 이해하고 사용할 수 있다.
	4급	– 공공시설 이용과 사회적 관계 유지에 필요한 언어 기능을 수행할 수 있으며, 일반적인 업무 수행에 필요한 기능을 어느 정도 수행할 수 있다. – '뉴스, 신문 기사' 중 평이한 내용을 이해할 수 있다. 일반적인 사회적 · 추상적 소재를 비교적 정확하고 유창하게 이해하고, 사용할 수 있다. – 자주 사용되는 관용적 표현과 대표적인 한국 문화에 대한 이해를 바탕으로 사회 · 문화적인 내용을 이해하고 사용할 수 있다.
	5급	– 전문 분야에서의 연구나 업무 수행에 필요한 언어 기능을 어느 정도 수행할 수 있다. – '정치, 경제, 사회, 문화' 전반에 걸쳐 친숙하지 않은 소재에 관해서도 이해하고 사용할 수 있다. – 공식적, 비공식적 맥락과 구어적, 문어적 맥락에 따라 언어를 적절히 구분해 사용할 수 있다.
	6급	– 전문 분야에서의 연구나 업무 수행에 필요한 언어 기능을 비교적 정확하고 유창하게 수행할 수 있다. – '정치, 경제, 사회, 문화' 전반에 걸쳐 친숙하지 않은 주제에 관해서도 이용하고 사용할 수 있다. – 원어민 화자의 수준에는 이르지 못하나 기능 수행이나 의미 표현에는 어려움을 겪지 않는다.

토픽 II 한 달 만에 끝내는 학습 계획

	차수	학습일	학습 시간	해야 할 일	결과
유형편	1일차			빈칸에 들어갈 맞는 문법 고르기	
	2일차			밑줄 친 부분과 의미가 비슷한 것 고르기	
	3일차			내용과 관계있는 것 고르기	
	4일차			글이나 도표의 내용과 같은 것 고르기	
	5일차			글의 순서 배열하기	
	6일차			빈칸에 들어갈 알맞은 내용 고르기	
	7일차			빈칸에 들어갈 어휘 찾기 및 본문과 같은 내용 고르기	
	8일차			빈칸에 들어갈 속담이나 관용 표현 찾기 및 본문에 중심 생각 고르기	
	9일차			밑줄 친 부분에 나타난 인물의 기분 및 본문과 같은 내용 고르기	
	10일차			가장 잘 설명한 신문 기사 제목 고르기	
	11일차			빈칸에 들어갈 알맞은 내용 고르기	
	12일차			글을 읽고 같은 내용 고르기	
	13일차			글을 읽고 알맞은 주제 고르기	
	14일차			본문에서 〈보기〉의 문장이 들어갈 알맞은 위치 고르기	
	15일차			밑줄 친 부분에 나타난 인물의 말투 및 본문과 같은 내용 고르기	
	16일차			글을 읽고 알맞은 주제 및 빈칸에 알맞은 내용 고르기	
	17일차			본문에서 〈보기〉의 문장이 들어갈 알맞은 위치 및 본문과 같은 내용 고르기	
	18일차			글의 목적과 빈칸에 들어갈 내용 및 필자의 태도 고르기	
주제편	19일차			사회	
	20일차			환경	
	21일차			문화 · 예술 · 스포츠	
	22일차			과학 · 심리	
	23일차			의학 · 건강	
	24일차			교육	
	25일차			기업 · 경제	
	26일차			법과 제도	
	27일차			문학	
	28일차			기타	
모의고사	29일차			모의고사 1회	
	30일차			모의고사 2회	

Part

유형편

빈칸에 들어갈 맞는 문법 고르기

유형 소개 빈칸 안에 들어갈 알맞은 문법을 고르는 문제이다.

유형 적중 TIP 이 유형은 중급 수준의 문제이므로 중급 수준의 문법을 학습해 두어야 한다. 빈칸 앞뒤를 중심으로 문장을 읽고 어울리는 문법과 표현을 선택해야 한다.
부록 1의 중급 문법을 공부해 두자.

🕐 이 유형의 문제는 2문제가 출제된다. 2문제를 1분 안에 푸는 것이 좋다.

1~2 ( )에 들어갈 가장 알맞은 것을 고르십시오.

1. 해가 뜨는 것을 ( ) 아침 일찍 일어났다. (기출문제 52회)

   ① 보아야   ② 보려고   ③ 보거나   ④ 보는데

2. 내일 친구와 함께 놀이공원에 ( ). (기출문제 47회)

   ① 가는 편이다   ② 가는 중이다   ③ 가기로 했다   ④ 간 적이 있다

해설

▶ 1번 문제의 정답은 ②이다. '-으려고'는 목적이나 의도를 나타낸다. 빈칸 앞 '해가 뜨는 것을 보다'가 빈칸 뒤 '일찍 일어나다'의 의도이므로 ②가 정답이다.

▶ 2번 문제의 정답은 ③이다. '-기로 하다'는 계획, 약속, 결정 등을 표현할 때 쓴다. '내일'은 미래이므로 '-기로 하다'와 어울린다.

5분을 목표로 문제를 풀어 보세요.

1~10 ( )에 들어갈 가장 알맞은 것을 고르십시오.

1. 너무 피곤해서 책을 ( ) 잠이 들었다.
   ① 읽거든   ② 읽도록   ③ 읽든지   ④ 읽다가

2. 아기가 깨지 ( ) 조용히 해 주세요.
   ① 않도록   ② 않으면   ③ 않아야   ④ 않으니까

3. 합격 소식을 ( ) 기쁨의 눈물이 흘렀다.
   ① 듣더라도   ② 듣자마자   ③ 들어보니   ④ 듣기 위해

4. 제가 요리를 ( ) 민수 씨가 설거지를 해 주세요.
   ① 하는데도   ② 한다더니   ③ 할 테니까   ④ 하기는커녕

5. 김치를 처음 먹었을 때는 맵기만 했는데 ( ) 김치가 좋아진다.
   ① 먹더니   ② 먹거나   ③ 먹을수록   ④ 먹는 김에

6. 연말이라 회사일이 많아서 회사에서 ( ) 한다.
   ① 살게   ② 살든지   ③ 살아봐야   ④ 살다시피

7. 바쁠 때는 종종 일하면서 김밥을 ( ).
   ① 먹곤 한다   ② 먹고 말았다   ③ 먹는 중이다   ④ 먹는 셈이다

8. 에어컨을 ( ) 잠을 자서 감기에 걸렸다.
   ① 켜 놓을 뿐   ② 켜 놓는다면   ③ 켜 놓은 채로   ④ 켜 놓으나마나

9. 이따가 비가 ( ) 창문을 닫아 주세요.
   ① 와도   ② 오거든   ③ 왔더라면   ④ 온다기에

10. 버스에서 잠이 ( ) 네 정거장이나 지나갔다.
    ① 들 텐데   ② 들더라도   ③ 들기 위해   ④ 드는 바람에

밑줄 친 부분과 의미가 비슷한 것 고르기

🏃 2일차 ___월 ___일

유형 소개 ▶ 밑줄 친 것과 의미가 비슷한 표현을 찾는 문제이다.

유형 적중 TIP ▶ 밑줄 친 부분과 바꾸어 쓸 수 있는 비슷한 의미의 표현이나 문법을 찾는 문제이다. 이런 유형의 문제를 풀 때는 같거나 비슷한 표현, 문법을 많이 익혀 두어야 한다.
부록 1을 보고 바꿔 표현하는 연습을 많이 해 두자.

🕐 이 유형의 문제는 2문제가 출제된다. 2문제를 1분 안에 푸는 것이 좋다.

3~4 다음 밑줄 친 부분과 의미가 비슷한 것을 고르십시오.

3. 계속 웃고 다니는 걸 보니 좋은 일이 <u>있나 보다</u>. (기출문제 52회)
   ① 있는 척한다   ② 있을 뿐이다
   ③ 있을 지경이다   ④ 있는 모양이다

4. 한국어 실력을 <u>늘리고자</u> 한국 신문과 방송을 자주 봤다. (기출문제 41회)
   ① 늘리기 위해서   ② 늘리기 무섭게
   ③ 늘리는 대신에   ④ 늘리는 반면에

해설

▶ 3번 문제는 웃고 다니는 것을 보고 '좋은 일이 있다'는 것을 추측한 문장이다. '-나 보다'와 '-는 모양이다'는 상황에 대한 추측을 나타낸다. 따라서 이 문제의 정답은 ④이다.

▶ 4번 문제의 정답은 ①이다. 한국어 실력을 늘리고 싶다는 목적이 있어서 한국 신문과 방송을 본 것이다. '-고자'와 '-기 위해서'는 의도, 목적을 나타내므로 '-기 위해서'가 정답이다.

5분을 목표로 문제를 풀어 보세요.

1~10 다음 밑줄 친 부분과 의미가 비슷한 것을 고르십시오.

1. 다이어트하려고 약을 먹었는데 <u>먹으나마나</u> 효과가 없었다.
   ① 먹어 봤자   ② 먹는 바람에   ③ 먹을수록   ④ 먹는 반면에

2. 세상의 모든 것은 <u>변하기 마련이다.</u>
   ① 변하고 말았다   ② 변하는 법이다   ③ 변하는 듯하다   ④ 변하기 나름이다

3. 수업이 늦게 <u>끝나는 바람에</u> 약속에 늦었다.
   ① 끝난 탓에   ② 끝난 김에   ③ 끝나는 대신   ④ 끝나는 동안

4. 무슨 급한 일이 있는지 수업이 <u>끝나기가 무섭게</u> 밖으로 나갔다.
   ① 끝나기는커녕   ② 끝나는 길에   ③ 끝나기가 바쁘게   ④ 끝나는 한

5. 많이 아프면 일찍 <u>퇴근하지 그래요?</u>
   ① 퇴근할 리가 있어요?   ② 퇴근하는 게 어때요?
   ③ 퇴근할 수밖에 없어요?   ④ 퇴근 안 하면 안 돼요?

6. <u>폭염 때문에</u> 전기 사용량이 증가하고 있다.
   ① 폭염을 위해   ② 폭염에 대해   ③ 폭염으로써   ④ 폭염으로 인해

7. 아이가 먹기에 너무 <u>클 것 같아서</u> 좀 작게 잘랐어요.
   ① 클까 봐   ② 큰 만큼   ③ 클 텐데   ④ 클 정도로

8. 우리 조카는 나를 <u>만나기만 하면</u> 장난감을 사달라고 한다.
   ① 만날수록   ② 만날 때마다   ③ 만나고도   ④ 만나곤 하면

9. 민수 씨가 요즘 모임에 잘 안 나오네요. <u>바쁜 것 같아요.</u>
   ① 바쁠지 몰라요   ② 바쁜 척해요   ③ 바쁜 모양이에요   ④ 바쁜 편이에요

10. 바람도 쐬고 장도 <u>볼겸</u> 시장에 나왔다.
    ① 볼까 해서   ② 볼까 봐   ③ 보느라   ④ 보더니

내용과 관계있는 것 고르기

유형 소개 ▶ 글을 읽고 무엇에 대한 것인지 고르는 문제이다.

유형 적중 TIP ▶ 이런 유형의 문제를 풀 때는 **선택지를 먼저 본 후에** 제시글 안에서 힌트가 될 만한 2~3개의 어휘를 찾아 이와 가장 관계있는 선택지를 고르면 된다.

첫 번째 문제는 무슨 물건인지, 두 번째 문제는 어디인지, 세 번째 문제는 캠페인, 표어 등 공익 관련, 네 번째 문제는 안내, 설명, 주의 사항, 사용 방법 등과 관계있는 문제이다. 부록 2의 어휘를 알아두면 좋다.

🕐 이 유형의 문제는 4문제가 출제된다. 2문제를 1분 안에 푸는 것이 좋다.

5~6 다음은 무엇에 대한 글인지 고르십시오.

5. (기출문제 60회)

> **몸에 좋은 영양소가 가득~**
> **매일 아침 신선함을 마셔요!**

① 과자　　　　　② 안경　　　　　③ 우유　　　　　④ 신발

6. (기출문제 36회)

할 인 권 **10,000원**	• 1인 1매만 사용 가능합니다. • 이 할인권은 환불되지 않습니다. • 다른 쿠폰과 함께 사용할 수 없습니다.

① 교환 안내　　　　② 이용 방법　　　　③ 판매 장소　　　　④ 제품 설명

해설

▶ 5번 문제의 정답은 ③이다. '마셔요'라는 말에서 우유임을 알 수 있다.

▶ 6번 문제의 정답은 ②이다. 할인권을 사용하는 방법을 말하고 있다. 그러므로 이용 방법이 정답이다.

4분을 목표로 문제를 풀어 보세요.

1~8 다음은 무엇에 대한 글인지 고르십시오.

1.

더 가볍게, 더 조용하게, 강한 흡입력으로 더 깨끗하게

① 세탁기   ② 청소기   ③ 냉장고   ④ 에어컨

2.

어디서나 편리하게 싹싹 나라

- 무형광 제품   • 피부에 안심
- 100% 천연 펄프   • 더 도톰한 3겹

① 이불   ② 화장지   ③ 손수건   ④ 대걸레

3.

당신도 뷰티 전문가가 될 수 있습니다.

메이크업 반, 네일아트 반, 피부 반, 헤어 반, 자격증 반
과정 수료 후 취업 상담, 진학 상담

① 학원   ② 상담실   ③ 미용실   ④ 직업소개소

4.

아름다운 제주 앞바다, 신비로운 한라산이 눈앞에

- 맑고 깨끗한 공기 마시며 건강하게 살 수 있습니다.
- 제주시 5분 거리, 84㎡(12세대), 95㎡(8세대)

① 시청   ② 여행사   ③ 헬스클럽   ④ 부동산소개소

5.

핑크카펫 내일의 주인공을 위한 자리입니다.

임산부에게 양보해주세요.

① 자리 양보   ② 건강 관리   ③ 질서 유지   ④ 에너지 절약

6.

지금 길을 건너는 이 아이가 당신의 아이일 수 있습니다.

아이의 등하굣길을 안전하게 지켜 주세요.

① 교통 안전   ② 안전 관리   ③ 아이 교육   ④ 환경 보호

7.

천리안 안경

- 자동차 안에 보관하지 마세요.
- 렌즈 전용 수건으로 닦으세요.
- 화학 제품은 멀리 하세요.

① 사용 순서   ② 제품 설명   ③ 주의 사항   ④ 보관 방법

8.

방학 기간은 7월 20일~8월 19일이며 개학일은 8월 20일입니다. 귀 자녀가 건강하고 밝은 모습으로 2학기를 맞이하길 바랍니다. 1학기 과정을 잘 마칠 수 있도록 도와주신 학부모님의 관심과 협조에 감사드립니다.

① 학교 홍보   ② 방학 안내   ③ 여름 휴가   ④ 학기 소개

글이나 도표의 내용과 같은 것 고르기

🏃 4일차 ____월 ____일

유형 소개 ▶ 글이나 도표의 내용과 일치하는 것을 고르는 문제이다.

유형 적중 TIP ▶ 첫 번째 문제는 안내문, 두 번째 문제는 도표, 세 번째와 네 번째는 문장의 형식으로 같은 내용을 고르는 문제이다.

안내문과 도표는 먼저 제목을 읽고 무엇에 대한 내용인지 확인한 후, 선택지를 순서대로 보고 안내문, 도표의 내용과 같은 것을 찾아야 한다.

문장 형식의 문제를 풀 때는 먼저 문제의 지문을 읽고 내용이 같은 선택지를 골라야 한다. 이때 중요하다고 생각되는 부분에 밑줄을 치면 좋다. 이렇게 하면 정답을 고를 때 위의 전체 지문을 다시 읽지 않아도 되므로 빨리 답을 찾을 수 있다.

안내문과 도표 문제는 행사나 모집 안내문에 자주 사용되는 어휘를 파악하면 쉽게 풀 수 있다. 부록 2를 참고하여 어휘를 학습해 두자.

🕐 이 유형의 문제는 4문제가 출제된다. 각 문제를 1분 안에 푸는 것이 좋다.

9~12 다음 글 또는 도표의 내용과 같은 것을 고르십시오.

9. (기출문제 41회)

2015 청소년 과학 동아리 지원 사업
인주시가 여러분의 꿈과 희망을 응원합니다.

◎ 신청 대상 : 중·고등학교 5명 이상의 동아리
◎ 교사 1명이 포함되어야 함
◎ 지원 금액 : 최대 200만 원
◎ 사업 기간 : 2015년 7월 7일~12월 31일

① 동아리 지원은 일 년 동안 계속된다.
② 동아리는 고등학생들로만 구성되어야 한다.
③ 동아리 활동비는 이백만 원까지 받을 수 있다.
④ 동아리 인원이 두세 명인 경우에도 신청할 수 있다.

10. (기출문제 35회)

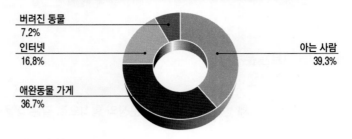

애완동물을 어디에서 구하셨습니까?

버려진 동물
7.2%
인터넷
16.8%
애완동물 가게
36.7%
아는 사람
39.3%

① 주인 없는 동물을 데려와 키우는 사람이 가장 적다.

② 인터넷에서 산 사람이 가게에서 산 사람보다 더 많다.

③ 가게에서 산 사람보다 아는 사람한테서 받은 사람이 더 적다.

④ 아는 사람한테서 동물을 데리고 온 사람은 전체의 반이 넘는다.

12. (기출문제 52회)

> 최근 공연을 혼자 보는 사람들이 많아졌다. 친구나 연인이 함께 보는 장르로 생각했던 뮤지컬, 연극 등도 혼자 보는 사람들이 늘어난 것이다. 한 조사 결과에 따르면 열 명 중 네 명이 혼자 공연을 관람하는 것으로 나타났다. 혼자 공연을 보는 사람들은 함께 간 사람에게 신경을 쓰지 않고 공연에만 집중할 수 있어서 좋다고 말한다.

① 사람들은 연극과 뮤지컬을 혼자 보는 장르로 생각한다.

② 혼자 공연을 보면 공연에 집중할 수 있다는 장점이 있다.

③ 사람들은 공연을 볼 때 다른 사람에게 신경을 쓰지 않는다.

④ 조사 결과에 따르면 공연을 혼자 보는 사람들이 줄고 있다.

해설

▶ 9번 문제의 정답은 ③이다. '지원 금액 최대 200만 원'에서 지원 금액은 지원해 주는 활동비의 금액이다. 최대 200만 원은 200만 원까지 지원해 준다는 것이므로 ③이 정답이다.

▶ 10번 문제의 정답은 ①이다. 버려진 동물이 7.2%로 가장 낮다. 주인이 버린 동물은 주인이 없는 동물을 뜻한다.

▶ 12번 문제의 정답은 ②이다. 본문에 '혼자 공연을 보는 사람들은 공연에만 집중할 수 있어서 좋다고'라고 쓰여 있다. 이것은 장점(좋은 점)을 말한 것이다.

[1~9] 다음 글 또는 도표의 내용과 같은 것을 고르십시오.

1.

제 19회 한마음 운동회

- 일시 : 2019년 9월 6일(금)~9월 8일(일) 오전 10:00~오후 16:00
- 장소 : 종합운동장
- 참가 자격 : 누구나
- 시상 내역 : 종목별 1등 15만 원, 2등 10만 원, 3등 5만 원
- 행사 문의 : 홈페이지 www.hanmaeum.com
  전화 02) 753 – 2001~3 고순희 팀장

※행사 참가자 전원에게 기념품을 드립니다. 행운권 추첨도 있습니다.

① 한마음 운동회는 주말에 종합운동장에서 한다.

② 이 지역에 사는 사람만 누구나 행사에 참여할 수 있다.

③ 각 종목에 참가해야 기념품도 받고 행운권도 받을 수 있다.

④ 이 행사에 대해 궁금한 점이 있으면 전화로 물어볼 수 있다.

2.

<도서관 이용 안내>

- 이용 시간 : 일반자료실: 08:00~22:00
  멀티미디어실, 어린이자료실: 09:00~18:00
- 대출 자격 : 회원증을 소지한 본인에 한해 대출
  어린이 자료는 회원의 가족인 경우 대출 가능
- 대출 권수 : 5권/1인
- 대출 기한 : 15일(연장 불가)
- 대출 제한 : 연속 간행물, 자료집, 비도서(DVD 등)는 관내 열람만 가능

① 1회에 한하여 기한을 연장할 수 있다.

② 반드시 회원증을 소지한 본인만 대출할 수 있다.

③ 멀티미디어실과 어린이자료실을 이용할 수 있는 시간이 같다.

④ 연속 간행물, 자료집, DVD도 회원증이 있어야 열람이 가능하다.

3.

제 10회 전국 어린이 동요대회

⟨본선 일시⟩

2019년 11월 6일 (목) 15:00~18:00

한국문화예술회관 대공연장

⟨예선 일시⟩

2019. 10. 3(목) ~ 10. 4(금) 14:00부터

– 참가 자격 : 전국 어린이집, 유치원, 초등학생

– 참가 부문 : 유치부, 초등 저학년부, 초등 고학년부

– 접수 방법 : 이메일 접수(ilovesong@korea.net)

① 이 대회는 어린이만 참가할 수 있다.

② 대회 참가자는 아무 노래나 불러도 된다.

③ 이 대회는 본선을 치른 후 예선을 치른다.

④ 초등학교 3학년은 고학년부에 참가해야 한다.

4.

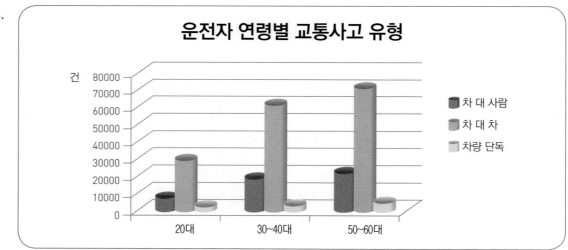

① 50~60대는 차량 단독 사고가 많다.

② 10대는 차와 사람이 부딪히는 사고가 많다.

③ 차와 사람이 부딪히는 사고는 전 연령이 같다.

④ 전 연령에서 자동차끼리 부딪히는 사고가 가장 많다.

5.

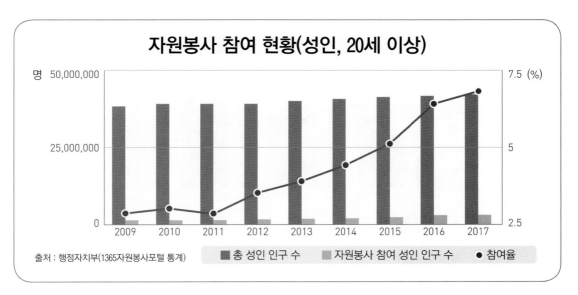

① 전체 한국인의 자원봉사 참여 현황을 나타낸 도표이다.

② 2009년에는 성인 삼천오백만 명이 자원봉사에 참여하였다.

③ 2009년부터 2017년까지 자원봉사 참여 인구는 완만한 감소세를 보인다.

④ 2011년에는 참여율이 잠시 하락하였다가 2012년부터 다시 증가하고 있다.

6.

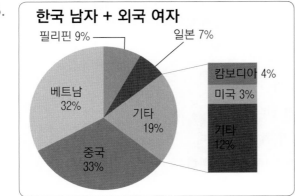
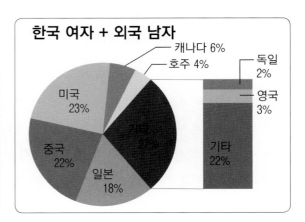

① 한국 남자는 일본 여자와 결혼하는 경우가 가장 많다.

② 한국 여자와 결혼하는 외국 남자는 일본인이 가장 적다.

③ 한국인과 결혼하는 외국인은 남녀 모두 중국인이 가장 많다.

④ 한국 여자는 미국 남자와 가장 많이 결혼하는 것으로 나타났다.

7.

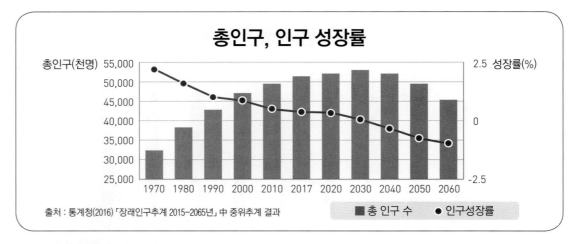

① 인구 성장률은 꾸준히 증가하고 있다.

② 2017년까지 인구는 계속 감소하였다.

③ 총인구와 인구 성장률은 비례하여 변동한다.

④ 2030년 이후 총인구는 감소할 것으로 예상된다.

8.

　　여성인력개발센터는 직장 내 성에 대한 인식 개선을 위한 성희롱 예방 교육을 실시한다. 오는 6월 20일 목요일 오후 4시부터 6시까지 진행되며 여성 인력을 채용한 기업체 인사 담당자와 근로자를 대상으로 한다. 교육비는 무료이며 센터장 명의의 교육확인증이 발급된다. 여성인력개발센터 신청서를 작성한 후 팩스나 이메일로 접수하면 된다. 기타 문의 사항이 있으면 홈페이지를 이용하면 된다.

① 교육시간은 매주 목요일 오후 4시부터 6시까지이다.

② 문의 사항은 담당자에게 팩스나 이메일을 보내면 된다.

③ 이 교육은 직장인들의 성에 대한 인식을 개선하기 위한 교육이다.

④ 교육비는 무료이지만 확인증을 발급받을 때는 발급비를 내야 한다.

9.

　　식중독은 오염된 음식으로 인한 소화기계 증후군을 말한다. 고온다습한 여름철에는 식중독균이 잘 번식하고 음식이 쉽게 상해 식중독에 잘 걸린다. 식중독에 걸리면 보통 복통, 구토, 설사를 하게 되는데 이로 인한 탈수증을 막으려면 수분을 자주 보충해 주어야 한다. 또한 소화가 잘되는 부드러운 음식을 조금씩 자주 먹어야 한다.

① 음식을 먹은 후 배가 아프면 식중독이다.

② 여름철에는 다른 계절보다 식중독에 잘 걸린다.

③ 식중독으로 설사를 할 때 물을 많이 마시면 안 된다.

④ 식중독에 걸리면 부드러운 음식을 조금만 먹어야 한다.

글의 순서 배열하기

유형 소개 ▶ 글을 순서에 맞게 배열한 것을 고르는 문제이다.

유형 적중 TIP ▶ 1. 선택지를 보고 '(가)~(라)'항 중 먼저 시작되는 두 개의 항을 찾는다.
2. 두 항의 문장을 비교하여 앞에 놓일 항을 고른다. 이때 첫 문장 앞에 놓일 수 없는 어휘가 있는지 본다. '그러나, 따라서, 또한, 이, 그'처럼 앞 문장을 연결하거나 지시하는 어휘가 있으면 앞에 놓일 수 없다.
3. 보통 앞 문장에서는 포괄적인 내용이나 사실이 오고 뒤의 문장에서는 구체적인 것, 앞의 예, 보충, 이유, 근거 등이 온다.
4. 논리적 순서나 시간 순서에 맞게 배열된 것을 고른다.

🕐 이 유형의 문제는 3문제가 출제된다. 각 문제를 1분 안에 푸는 것이 좋다.

13~15 다음을 순서대로 맞게 배열한 것을 고르십시오.

13. (기출문제 36회)

> (가) 그 때문에 어머니는 지금도 미역국을 별로 좋아하지 않으신다.
> (나) 생일날 미역국을 먹을 때면 어머니 생각이 난다.
> (다) 한국에서는 생일날뿐 아니라 아이를 낳은 후에도 미역국을 먹는다.
> (라) 그래서 어머니는 우리 형제 다섯을 낳을 때마다 미역국을 드셔야 했다.

① (나)-(다)-(라)-(가)   ② (나)-(가)-(라)-(다)
③ (다)-(가)-(라)-(나)   ④ (다)-(라)-(나)-(가)

14. (기출문제 47회)

> (가) 이불을 세탁해서 밖에 널어 두고 장을 보러 나갔다.
> (나) 비가 오는 것을 보고 이웃이 대신 이불을 걷어 준 것이었다.
> (다) 갑자기 비가 내려서 이불이 걱정되어 집으로 서둘러 돌아왔다.
> (라) 도착해 보니 이불을 보관하고 있다는 메모가 문 앞에 붙어 있었다.

① (가)-(다)-(나)-(라)   ② (가)-(다)-(라)-(나)
③ (다)-(나)-(가)-(라)   ④ (다)-(라)-(나)-(가)

▶ 13번 문제의 정답은 ①이다. ①~④의 선택 문항을 보면 첫 번째 문장이 (나) 혹은 (다)이다. (나)는 생일날 미역국을 먹는다는 내용이고 (다)는 생일날과 아이를 낳은 후에 미역국을 먹는다는 내용이다. (다)는 (나)의 내용에 새로운 사실이 추가된 문장이다. (라)는 어머니가 미역국을 좋아하지 않는 이유이고 (가)는 (라)의 결과이다. 따라서 ①이 정답이다.

▶ 14번 문제의 정답은 ②이다. ①~④의 선택 문항을 보면 첫 번째 문장이 (가) 혹은 (다)이다. 그리고 (가), (나), (다), (라)는 일상의 이야기이므로 시간의 순서대로 배열하면 된다. (가) 이불을 널고 밖에 나가다 → (다) 비가 와서 집에 왔다 → (라) 집에 오니까 이불은 없고 메모가 있다 → (나) 메모를 읽고 이불이 어디 있는지 알다. 따라서 ②가 정답이다.

1~3 다음을 순서대로 맞게 배열한 것을 고르십시오.

1.

> (가) 자전거는 주로 짧은 거리를 이용하는데 안전모는 휴대하기 불편하고 답답하기 때문이다.
> (나) 자전거 사고 중 머리 부상 사고가 제일 많기 때문이다.
> (다) 그러나 자전거 이용자들은 불만의 목소리가 높다.
> (라) 정부는 다음 달부터 자전거 안전모 착용을 의무화한다고 한다.

① (가)-(나)-(다)-(라)　　　　② (가)-(라)-(나)-(다)
③ (라)-(다)-(가)-(나)　　　　④ (라)-(나)-(다)-(가)

2.

> (가) 그러므로 모기에 물리지 않으려면 어두운색 옷을 피하는 것이 좋다.
> (나) 그래서 모기는 열이 나는 사람을 잘 문다.
> (다) 모기는 열을 느끼는 감각이 발달되어 있다.
> (라) 그리고 어두운 옷을 입은 사람도 잘 문다고 한다.

① (가)-(다)-(나)-(라)　　　　② (가)-(나)-(라)-(다)
③ (다)-(나)-(라)-(가)　　　　④ (다)-(가)-(라)-(나)

3.

> (가) 만약 대중의 보편적인 의식과 문화를 담고 있지 않다면 그것은 대중가요라고 할 수 없다.
> (나) 대중가요는 대중이 즐겨 부르는 노래를 말한다.
> (다) 그래서 대중가요는 당시 대중의 보편적인 의식과 문화를 담고 있다.
> (라) 여기서 말하는 대중은 특정인이 아닌 보통의 사람들이다.

① (나)-(다)-(가)-(라)　　　　② (나)-(라)-(다)-(가)
③ (라)-(가)-(나)-(다)　　　　④ (라)-(나)-(다)-(가)

빈칸에 들어갈 알맞은 내용 고르기

유형 소개 ▶ 글을 읽고 빈칸에 들어갈 알맞은 내용을 고르는 문제이다.

유형 적중 TIP ▶ 빈칸의 위치에 따라 문제를 푸는 방법이 달라질 수 있다.

1. 빈칸이 문단의 앞부분에 있을 때 빈칸의 문장은 보통 전체 내용을 포괄하는 주제문이고 나머지 문장은 앞 문장을 보충하고 설명해 주는 문장이다. 전체 문장에서 말하고자 하는 주요 내용을 파악해야 한다.
2. 빈칸의 위치가 중간에 있을 때 빈칸의 앞뒤 문장이나 지시어를 통해 빈칸에 맞는 내용을 생각해야 한다.
3. 빈칸이 문단의 끝부분에 있을 때 위의 두 가지 상황에 모두 해당된다.

🕐 이 유형의 문제는 3문제가 출제된다. 각 문제를 1분 안에 푸는 것이 좋다.

16~18 다음을 읽고 ( )에 들어갈 내용으로 가장 알맞은 것을 고르십시오.

17. (기출문제 35회)

추석에는 환하고 둥근 보름달이 뜬다. 그런데 추석 때 먹는 송편은 보름달이 아닌 반달 모양이다. 이는 반달이 현재보다 더 나은 미래를 의미하기 때문이다. 즉 보름달은 밝고 완전한 모양이지만 시간이 지나면서 점점 작아지는 데 반해, 반달은 (   ). 이처럼 송편의 반달 모양에는 앞으로 모든 일이 발전해 나가기를 바라는 희망이 담겨 있다.

① 환하게 웃는 사람의 눈 모양과 비슷하다
② 보름달처럼 밝은 빛을 가지고 있지 않다
③ 오래 지나지 않아 크고 환한 보름달이 된다
④ 어두운 면과 밝은 면을 모두 포함하고 있다

18. (기출문제 52회)

> 대화를 원활하게 하기 위해서는 상대방에게 내가 그의 말을 잘 듣고 있다는 느낌을 주어야 한다. 이
> 때 (   ) 행동을 하면 좋다. 대부분의 나라에서 이런 행동은 긍정을 나타낸다. 따라서
> 머리를 위아래로 움직이는 행동을 하면 상대방을 존중하고 이야기에 공감하고 있다는 인상을 줄 수
> 있다.

① 손뼉을 치는

② 고개를 끄덕이는

③ 질문하면서 듣는

④ 들으면서 기록하는

해설

빈칸에 알맞은 내용을 고르는 유형 6은 ①~④의 선택 문항의 문장 구조는 같으나 내용은 각각 다르다.

▶ 17번 문제의 정답은 ③이다. 빈칸 앞에서 보름달은 점점 '작아진다'고 하였다. '-는 데 반해'의 뒤에 올 내용은 앞
문장과 상반되므로 빈칸에는 '커진다'는 내용이 와야 한다.

▶ 18번 문제의 정답은 ②이다. 빈칸 뒤의 문장에서 '머리를 위아래로 움직이는 행동'은 긍정, 존중, 공감의 인상을
준다고 하였다. '머리를 위아래로 흔든다'는 '고개를 끄덕이다'와 같으므로 ②가 정답이다.

Part 1

3분을 목표로 문제를 풀어 보세요.

1~3 다음을 읽고 ( )에 들어갈 내용으로 가장 알맞은 것을 고르십시오.

1.

언어는 사회 구성원의 약속에 의한 기호이다. 우리가 하늘을 하늘이라고 부르고 땅을 땅이라고 부르는 것은 ( ). 하늘을 하늘이라고 부르는 데에는 어떠한 필연이나 인과 관계가 없다. 그래서 한국어를 사용하는 사람은 하늘, 영어를 사용하는 사람은 스카이(Sky), 중국어를 사용하는 사람은 티엔(Tien)이라고 약속하여 부르는 것이다.

① 우리 사회의 구성원끼리 약속하였기 때문이다
② 우리 사회의 구성원이 법으로 정했기 때문이다
③ 단어와 소리에는 필연적인 관계가 있기 때문이다
④ 나라마다 사용할 수 있는 소리가 다르기 때문이다

2.

반려동물을 키우는 사람들이 많아지면서 ( ). 반려동물을 키우는 사람 중 35~45%는 알레르기 증상을 가지고 있다고 한다. 그리고 반려동물에게 물려 병원에 이송된 환자도 1년 새 13.9%나 증가하였다고 한다. 특히 개가 가지고 있는 특정 세균은 긁히거나 핥는 것만으로도 감염될 수 있다고 하니 면역력이 약한 노인이나 아이, 만성질환자는 더욱 조심해야 한다.

① 반려동물을 유기하는 사람들도 많아졌다
② 반려동물을 치료해 주는 사람들도 늘었다
③ 반려동물과 여생을 보내는 사람들도 늘고 있다
④ 반려동물로 인해 병원을 찾는 사람도 증가하고 있다

3.

토론은 서로 의견이 다른 문제에 대해 찬성인지 혹은 반대인지 자신의 생각을 이야기하는 의사소통 방법이다. 토론을 진행할 때는 자신의 주장에 대한 근거를 제시해야 하고 다른 상대는 그 주장에 대해 반박할 근거를 제시해야 한다. 이 과정을 통해 우리는 많은 지식을 얻을 수 있고 서로의 생각도 더욱 잘 알게 된다. 토론을 통해서 합의된 결과는 ( ) 토론의 양측 모두 토론 결과에 대해 이의가 적다.

① 상대방의 의견을 무시한 것이기 때문에
② 개인적인 생각을 끝까지 주장한 것이기 때문에
③ 자신의 주장을 솔직하게 이야기한 것이기 때문에
④ 찬성 측과 반대 측이 함께 만들어 낸 결과이기 때문에

유형 07 빈칸에 들어갈 어휘 찾기 및 본문과 같은 내용 고르기

🏃 7일차 ___월 ___일

유형 소개 글을 읽고 빈칸에 들어갈 어휘를 찾고 본문과 같은 내용을 고르는 문제이다.

유형 적중 TIP 주어진 지문과 관련하여 두 개의 문제가 제시된 경우이다.

첫 번째 문제는 앞뒤 문장을 보고 빈칸에 맞는 어휘를 선택해야 한다. 이때 들어가는 어휘는 앞뒤 문장의 관계를 보여 주는 명사나 부사가 주를 이룬다.

두 번째 문제는 같은 내용을 고르는 문제이다. 이때 중요하다고 생각되는 문장에 밑줄을 치면 좋다. 이렇게 하면 문장을 다 읽은 후 선택지를 읽을 때 전체 지문을 다시 읽을 필요가 없어서 답을 빨리 찾을 수 있다.

🕐 한 지문에 2문제가 출제된다. 2문제를 2분 30초 안에 푸는 것이 좋다.

19~20 다음을 읽고 물음에 답하십시오. (기출문제 41회)

> 활쏘기는 쉬워 보이지만 판단력과 인내심이 필요한 운동이다. 활쏘기에서는 활을 쏘는 순간이 제일 중요하다. (   ) 언제 활을 쏘아야 할지 판단하는 것이 핵심이다. 또한 활을 쏘는 그 순간까지 숨을 멈추고 기다리는 인내심이 요구된다. 그렇기 때문에 판단력이 부족한 사람이나 인내심이 필요한 사람에게 매우 좋은 운동이라고 할 수 있다.

19. (   )에 들어갈 알맞은 것을 고르십시오.

① 특히   ② 또는   ③ 역시   ④ 과연

20. 이 글의 내용과 같은 것을 고르십시오.

① 활쏘기로 판단력을 높일 수 있다.   ② 활쏘기의 핵심은 숨을 참는 것이다.

③ 활쏘기로 참을성을 기르기가 어렵다.   ④ 활쏘기는 단순한 운동이라 주목을 받았다.

해설

▶ 19번 문제의 정답은 ①이다. 빈칸 앞의 문장에서 활 쏘는 순간이 중요하다고 했다. 뒤의 문장에서 언제 쏠지 판단하는 것이 핵심이라고 했다. '핵심'이라는 단어를 통해 강조하여 설명하고 있음을 알 수 있다. 그래서 '특히'가 정답이다.

▶ 20번 문제의 정답은 ①이다. '판단력이 부족한 사람에게 좋은 운동'이라고 했으므로 활쏘기는 판단력을 높일 수 있다.

1~2 다음을 읽고 물음에 답하십시오.

> 일본에서는 우리의 씨름과 비슷한 스모가 많은 국민의 사랑을 받고 있다. 심지어 외국인들도 스모를 배워서 스모 선수가 되기도 한다. 하지만 우리의 씨름은 설이나 추석 같은 명절에만 TV에 가끔 나오는 운동경기일 뿐이다. (   ) 씨름이라는 것을 진정으로 사랑하는 사람들이 있기 때문에 씨름이 없어지지 않고 명맥이라도 유지하고 있는 것이 아닌가 싶다. 우리는 세계화를 외치면서 정작 우리 것에는 너무나 소홀하고 무관심하지 않았나 생각해 봐야 한다.

1. (   )에 들어갈 알맞은 것을 고르십시오.

① 그러므로   ② 그뿐 아니라

③ 그럼에도   ④ 그렇지 않으면

2. 이 글의 내용과 같은 것을 고르십시오.

① 일본에서는 외국인 스모 선수가 인기가 많다.

② 한국 씨름은 인기가 없어서 TV에서 볼 수 없다.

③ 한국 씨름 선수의 소득이 적어서 씨름의 명맥이 끊겼다.

④ 세계화만 외치지 말고 한국 씨름에 더 많은 관심을 주어야 한다.

빈칸에 들어갈 속담이나 관용 표현 찾기 및 본문의 중심 생각 고르기

🏃 8일차 ___월 ___일

유형 소개 ▶ 빈칸에 들어갈 알맞은 속담이나 관용 표현을 찾고 본문의 중심 생각을 고르는 문제이다.

유형 적중 TIP ▶ 첫 번째 문제는 빈칸 앞뒤 문장을 함축하는 속담이나 관용 표현을 찾는 문제이다. **속담이나 관용 표현을 많이 알아 두는 것이 좋다.** 부록 4, 5를 참고하여 속담이나 관용 표현을 익혀 두자.

두 번째 문제는 중심 생각을 고르는 문제이다. 이러한 문제를 풀 때는 다음의 전략을 사용하면 좋다.
1. **전체 내용을 포괄하는 문장을 찾는다.** 이런 문장은 보통 전체 지문의 처음이나 끝에 나타나거나 접속어 뒤에 나타나기도 한다.
2. **접속어로 연결된 문장을 주의해야 한다.** 문단의 앞부분에 일반적으로 알고 있는 어떤 내용이 나오고 '그러나, 그렇지만, 그런데' 등과 같이 상반되는 접속어를 사용한 후 중심 문장이 나올 수 있다. 혹은 문단의 앞부분에 어떠한 사실이나 사례 등을 나열하고 '따라서, 그러므로, 그래서, 이에' 등과 같이 원인과 결과를 연결하는 접속어를 사용하여 중심 문장이 나올 수도 있다.
3. '-어/아야 한다, -는 것이 좋다, -을 필요가 있다'처럼 주장을 나타내는 표현을 찾는다.
4. 포괄하는 문장, 접속어, 주장을 나타내는 표현이 없을 때는 **전체 문단을 정리하고 요약한 선택지를 찾는다.**

🕐 한 지문에 2문제가 출제된다. 2문제를 2분 30초 안에 푸는 것이 좋다.

21~22 다음을 읽고 물음에 답하십시오. (기출문제 60회)

> 문자 교육은 빠를수록 좋다고 믿는 부모들이 있다. 이들은 자신의 아이가 또래보다 글자를 더 빨리 깨치기를 바라며 문자 교육에 (   ). 그런데 나이가 어린 아이들은 아직 다양한 능력들이 완전히 발달하지 못해 온몸의 감각을 동원하여 정보를 얻는다. 이 시기에 글자를 읽는 것에 집중하다 보면 다른 감각을 사용할 기회가 줄어 능력이 고르게 발달하는 데 어려움이 있을 수 있다.

21. (   )에 들어갈 알맞은 것을 고르십시오.

① 손을 뗀다

② 이를 간다

③ 담을 쌓는다

④ 열을 올린다

22. 이 글의 중심 생각을 고르십시오.

① 문자 교육을 하는 방법이 다양해져야 한다.

② 아이의 감각을 기르는 데 문자 교육이 필요하다.

③ 이른 문자 교육이 아이의 발달을 방해할 수 있다.

④ 아이들은 서로 비슷한 시기에 글자를 배우는 것이 좋다.

해설

▶ 21번 문제의 정답은 ④이다. 빈칸 앞 문장에서 '부모들은 자신의 아이가 글자를 빨리 깨치기를 바라며'라고 하였다. '열을 올리다'는 것은 무엇에 열중하거나 열심히 하는 것을 말한다.

▶ 22번 문제의 정답은 ③이다. '그런데'의 다음 문장을 정리하면 '이른 시기에 글자를 읽는 것에 집중하면 능력이 고르게 발달하는 데 어려움이 있다'이다.

유형8 연습문제 빈칸에 들어갈 속담이나 관용 표현 찾기 및 본문의 중심 생각 고르기 🕐 _____초

2분 30초를 목표로 문제를 풀어 보세요.

1~2 다음을 읽고 물음에 답하십시오.

어떤 시대에 부도덕적이라고 간주되던 것이 다른 시대에 들어서면 도덕적인 것이 될 수 있다. 버스나 지하철 등 공공장소에서 아기에게 젖을 먹이는 것에 대해 산아제한 운동을 벌이던 예전의 사람들은 '더럽다, 무식하다, 눈살이 찌푸려진다'고 말을 했다. 그러나 요즘은 출산과 모유 수유를 장려하고 아이를 많이 낳으면 애국자라고들 (   ) 말한다. 이제 이 시대를 사는 우리는 공공장소에서 모유 수유 장면을 보더라도 '아름답다, 모성애가 느껴진다, 훌륭하다'라고 말할 수 있지 않을까?

1. (   )에 들어갈 알맞은 것을 고르십시오.

① 혀를 차며   ② 손을 벌려

③ 입을 모아   ④ 머리를 맞대

2. 이 글의 중심 생각을 고르십시오.

① 공공장소에서 모유 수유를 하면 안 된다.

② 아이를 많이 낳으면 애국자가 되는 시대가 되었다.

③ 도덕과 부도덕에 대한 생각은 시대에 따라 다르다.

④ 모유 수유 장면을 보면 아름답다, 훌륭하다고 말해야 한다.

밑줄 친 부분에 나타난 인물의 기분 및 본문과 같은 내용 고르기

🏃 9일차 ___월 ___일

유형 소개 밑줄 친 부분에 나타난 인물의 기분을 고르고 본문과 같은 내용을 찾는 문제이다.

유형 적중 TIP 첫 번째 문제는 밑줄 친 부분에 나타난 인물의 기분을 묻는 문제이다. 여기에서는 전체 지문을 자세히 읽고 이해한 후 관련 인물의 상황에서 그 인물이 느낄 수 있는 감정을 추측해야 한다. 그러므로 감정을 표현하는 어휘를 많이 익혀 두어야 한다.

두 번째 문제는 주어진 본문과 같은 내용을 묻는 문제이지만 소설의 성격상 객관적 사실이 밖으로 잘 나타나지 않을 수 있다. 따라서 인물의 상황을 생각하며 맞는 선택지를 골라야 한다.

🕐 한 지문에 2문제가 출제된다. 2문제를 3분 안에 푸는 것이 좋다.

23~24 다음을 읽고 물음에 답하십시오. (기출문제 47회)

> 계산원으로 일하러 오라는 소식을 듣고 고민에 빠졌다. 마흔을 넘은 늦은 나이 때문이었다. 격려해 주는 남편 덕분에 용기를 냈다. 그러나 계산하는 일은 만만치 않았다. 신입 직원 교육을 받는데 주의 사항을 수첩에 적어가며 외워도 금방 잊어버리기 일쑤였다. 며칠 뒤 일을 시작한다는 말에 눈앞이 캄캄했다.
>
> 일을 시작한 첫날, 아침부터 밀려드는 손님들로 인해 <u>등에서 땀이 흘렀다.</u> 모든 게 미숙했다. 계산을 잘못 해서 창피한 적도 많았다. 그래도 사람을 대하다 보니 웃을 일도 있었다. 외국인 손님이 왔을 때였다. 서투른 영어를 총동원해서 말을 건네려고 하자, 그가 "봉투 하나 주세요."라며 한국말을 하는 게 아닌가. 순간 놀라면서도 속으로 웃음이 났다.

23. 밑줄 친 부분에 나타난 '나'의 심정으로 알맞은 것을 고르십시오.

① 짜증스럽다   ② 실망스럽다

③ 불만스럽다   ④ 당황스럽다

24. 이 글의 내용과 같은 것을 고르십시오.

① 나는 남편의 격려 덕분에 계산 실력이 늘었다.

② 나는 외국인 손님이 왔을 때 영어로 대화했다.

③ 나는 늦은 나이였지만 용기를 내어 일을 시작했다.

④ 나는 신입 직원 교육을 받을 때 수첩을 잃어버렸다.

유형9 연습문제 | 밑줄 친 부분에 나타난 인물의 기분 및 본문과 같은 내용 고르기   ⏱ ____초

3분을 목표로 문제를 풀어 보세요.

1~2 다음을 읽고 물음에 답하십시오.

> "김 형, 김 형…… 도와주세요."
> 쓰러진 남자의 입에서 이런 말이 가느다랗게 흘러나온 것은 그 순간이었다. 그와 동시에 빨간 셔츠의 사내가 다시 쓰러진 자의 등허리를 발로 꽉 찍어 눌렀다.
> "이 새끼, 아는 사이요? 그러면 당신도 한번 맛 좀 볼 텐가?"
> 맥주병을 거꾸로 쳐들고 빨간 셔츠가 소리 질렀다. 김 반장의 얼굴이 대번에 하얗게 질려 버렸다.
> "무, 무슨 소리요? 난 몰라요! 상관없는 일에 말려들고 싶지 않으니까 나가서들 하시오."
> 그때 바닥에 쓰러져 버둥거리던 남자가 간신히 몸을 비틀고 일어섰다. 코피로 범벅이 된 얼굴이 슬쩍 드러나 보였는데 세상에, 그는 몽달 씨임이 분명하였다.

1. 밑줄 친 부분에 나타난 김 반장의 기분으로 알맞은 것을 고르십시오.

   ① 놀랍고 무섭다.

   ② 아프고 피곤하다.

   ③ 귀찮고 짜증난다.

   ④ 억울하고 답답하다.

2. 이 글의 내용과 같은 것을 고르십시오.

   ① 빨간 셔츠의 사내는 몽달 씨이다.

   ② 몽달 씨는 김 형에게 쫓기고 있다.

   ③ 김 형은 쓰러진 남자를 뒤늦게 알아보았다.

   ④ 김 형은 빨간 셔츠의 사내와 아는 사이이다.

가장 잘 설명한 신문 기사 제목 고르기

유형 소개 ▶ 신문 기사 제목을 읽고 가장 잘 설명한 것을 고르는 문제이다.

유형 적중 TIP ▶ 신문 기사 제목의 앞부분은 기사의 대상이 되는 주체, 현상, 어떤 일의 배경이나 원인이 오고 뒷부분은 구체적인 상황, 결과, 보충 설명이다. 신문 기사 제목은 어휘나 구의 형태로 제시되므로 이것을 하나의 문장으로 만들 수 있어야 한다. 또한 신문 기사 제목은 내용을 줄여서 표현하거나 강조하는 어휘와 표현이 많이 나오므로 신문 기사 제목을 보며 어떤 표현을 자주 사용하는지 알아 두는 것이 좋다.

🕐 이 유형의 문제는 3문제가 출제된다. 3문제를 2분 안에 푸는 것이 좋다.

25~27 다음은 신문 기사의 제목입니다. 가장 잘 설명한 것을 고르십시오.

26. (기출문제 52회)

연휴 마지막 날 교통 체증, 고속도로 몸살 앓아

① 연휴의 마지막 날에 고속도로에서 심각한 교통사고가 발생했다.
② 연휴에 실시한 고속도로 공사 때문에 사람들이 큰 불편을 겪었다.
③ 연휴가 끝나는 날 고속도로에 몰린 차들로 인해 길이 많이 막혔다.
④ 연휴 때마다 발생하는 교통 혼잡을 해결하기 위해 고속도로를 확장했다.

26. (기출문제 41회)

불황에도 포도주 소비 '껑충', 불붙은 판매 경쟁

① 불황에도 업체 간 경쟁 때문에 포도주의 소비가 늘었다.
② 불황에도 포도주 판매 감소 때문에 포도주의 소비가 줄었다.
③ 불황에도 과도한 판매 경쟁 때문에 포도주의 공급이 증가했다.
④ 불황에도 포도주 소비 증가 때문에 포도주의 판매 경쟁이 심해졌다.

유형10 연습문제 · 가장 잘 설명한 신문 기사 제목 고르기   ⏱ _____ 초

2분을 목표로 문제를 풀어 보세요.

1~3 다음은 신문 기사의 제목입니다. 가장 잘 설명한 것을 고르십시오.

1.

> 가장 아름다운 도로 선정된 '제주 비자림로', 삼나무 벌목으로 훼손

① 삼나무 길인 제주 비자림로가 아름다운 도로에 선정되었다.
② 제주 비자림로에 삼나무를 심어 아름다운 도로에 선정되었다.
③ 가장 아름다운 도로로 선정됐던 제주 비자림로가 훼손되고 있다.
④ 아름다운 제주 비자림로에 삼나무들이 쓰러지면서 도로가 마비되었다.

2.

> 밥상물가 정부 관리에도 채솟값 한 달 새 또 17%↑

① 물가가 올라 외식 산업이 위축되고 있다.
② 채솟값이 올라 정부가 직접 물가를 관리하고 있다.
③ 정부의 물가 관리를 통해 농가의 소득이 증대되었다.
④ 정부가 농산물 수급을 직접 관리했는데도 채솟값이 올랐다.

3.

> 청년 농부들 주거, 일터에 소득까지 보장, 일자리 10만 개 목표

① 농촌 지역 청년들이 일자리를 찾고 있다.
② 청년 농부들을 지원하는 일자리 정책을 펴고 있다.
③ 청년 농부들에게 월급을 주는 일자리를 10만 개 마련했다.
④ 청년 농부들의 생계를 지원하는 일자리를 공개 모집하고 있다.

빈칸에 들어갈 알맞은 내용 고르기

🏃11일차 ___월 ___일

유형 소개 ▶ 글을 읽고 빈칸에 들어갈 알맞은 내용을 고르는 문제이다.

유형 적중 TIP ▶ 유형 6과 같은 유형이지만 좀 더 어려운 내용의 글이 제시되므로 고급 수준의 어휘나 표현이 사용된 읽기 자료를 평소에 많이 읽어야 한다. 빈칸의 위치에 따라 문제를 푸는 방법이 달라질 수 있으므로 다음을 참고하자.

1. 빈칸이 지문의 앞부분에 있을 때 빈칸의 문장은 보통 전체 내용을 포괄하는 주제문이고 나머지 문장은 앞 문장을 보충하고 설명해 주는 문장이다. 전체 문장에서 말하고자 하는 주요 내용을 파악해야 한다.
2. 빈칸의 위치가 중간에 있을 때 빈칸의 앞뒤 문장이나 지시어를 통해 빈칸에 맞는 내용을 생각해야 한다.
3. 빈칸이 지문의 끝부분에 있을 때 위의 두 가지 상황에 모두 해당된다.

🕐 이 유형의 문제는 4문제가 출제된다. 각 문제를 1분 30초 안에 푸는 것이 좋다.

28~31 다음을 읽고 ( )에 들어갈 내용으로 가장 알맞은 것을 고르십시오.

29. (기출문제 60회)

> "지구가 아파요!"라는 문구가 새겨진 티셔츠나 잘려 나간 나무가 그려진 가방 등을 구매하는 사람들이 증가하고 있다. 사람들은 그 상품이 ( ) 때문에 구매를 한다. 그들은 구매한 물건을 일상에서 사용함으로써 사회 문제에 대한 입장을 표현한다. 그리고 주변 사람들이 그 상품을 보고 거기에 담긴 메시지에 대해 관심을 갖도록 한다.

① 세련되게 디자인되었기
② 천연 소재로 만들어졌기
③ 본인의 체형을 보완해 주기
④ 자신의 가치관을 드러낼 수 있기

30. (기출문제 47회)

> 보통 소비자들은 '햄버거 1개가 550칼로리를 함유하고 있다'는 것의 의미를 정확하게 이해하지 못한다. 그래서 식품에 표시된 열량에 민감해하지 않는다. 그러나 햄버거 겉면에 '햄버거 1개를 먹을 경우 9km 정도 달려야 한다'고 쓰여 있다면 그것을 본 소비자는 햄버거의 열량이 어느 정도인지 체감하게 될 것이다. 이처럼 식품의 겉면에 열량을 소모하기 위해 (   ) 하는지 표시하면 소비자들의 음식에 대한 생각을 변화시킬 수 있을 것이다.

① 무슨 음식을 선택해야

② 얼마나 몸을 움직여야

③ 어떤 행동에 신중해야

④ 언제 열량에 신경 써야

해설

▶ 29번 문제의 정답은 ④이다. 사람들은 자신이 구매한 물건으로 사회 문제에 대한 입장을 표현한다고 하였다. 이는 자신의 가치관을 드러내는 것이다.

▶ 30번 문제의 정답은 ②이다. 빈칸의 앞에서 '햄버거 1개를 먹을 경우 9km 정도 달려야 한다.'라고 쓰여 있다. 이는 열량을 소모하기 위해서 얼마나 운동을 해야 하는지를 설명하는 것이므로 ②가 가장 알맞다.

[1~2] 다음을 읽고 ( )에 들어갈 내용으로 가장 알맞은 것을 고르십시오.

1.
　　작사, 작곡가는 노래를 만들지만 명곡은 대중이 만든다. 대중의 사랑이 있어야만 명곡이라고 할 수 있기 때문이다. 1970~1990년대에는 수많은 명곡이 쏟아져 나왔다. 사람들은 좋아하는 노래가 있으면 앨범을 구입했고, 앨범 판매량은 그 노래가 사람들에게 얼마나 사랑을 받고 있는지 알 수 있는 하나의 기준이었다. 그런데 요즘 사람들은 명곡이 더 이상 나오지 않는다고 말한다. 그러나 이는 ( ) 탓이다. 지금은 누구라도 일정 사용료를 내면 어떤 노래든지 무제한으로 듣는 게 가능해졌다. 이 때문에 아무리 좋은 노래라 하더라도 굳이 앨범을 소유해서 오래도록 들을 이유가 없어졌다. 즉 명곡이 나오지 않는 게 아니라, 대중이 명곡을 만들지 않는 것이다.

① 대중이 음악을 소비하는 방식이 달라진
② 대중이 선호하는 음악 스타일이 달라진
③ 작사, 작곡가가 음악을 만드는 방법이 달라진
④ 작사, 작곡가가 대중을 중요하게 생각하지 않게 된

2.
　　( ), 입은 하나고 귀가 두 개인 이유에 빗대어 설명하는 경우가 있다. 한 번 말할 때 두 번 들으라는 이야기이다. 그러나 보통은 상대방의 말을 듣기보다 자신의 의견을 말하는 것에 더 열을 올린다. 그러나 자신의 말만 하다 보면 상대방의 입장이나 생각에 공감할 수 없다. 공감이 없는 대화는 상대를 설득할 수 없을 뿐만이 아니라 관계를 단절시킨다. 따라서 상대방의 말을 잘 듣지 않으면 대화 자체가 이뤄질 수 없게 될 것이다.

① 사람의 얼굴을 설명할 때
② 경청의 중요성을 강조할 때
③ 대화의 중요성을 강조할 때
④ 공감을 이끌어 내는 방법을 설명할 때

글을 읽고 같은 내용 고르기

유형 소개　글을 읽고 같은 내용을 고르는 문제이다.

유형 적중 TIP　이 유형은 먼저 지문을 읽은 후 내용이 같은 선택지를 골라야 한다. 정답지의 어휘는 종종 지문의 어휘와 같은 의미로 쓸 수 있는 어휘로 바뀌어 나오기도 한다. 따라서 비슷한 말을 알아 두면 좋다. 그리고 지문을 읽을 때 중요하다고 생각되는 부분에 밑줄을 치면서 읽는다. 이렇게 하면 정답을 고를 때 위의 전체 지문을 다시 읽지 않아도 되므로 빨리 답을 찾을 수 있다. 이 유형의 문제는 일반상식이나 사회적 이슈, 개인적인 글 등 다양한 주제와 형식의 글이 제시된다. 평소에 다양한 분야의 글을 읽으면서 어휘를 폭넓게 익혀 두어야 한다.

🕐 이 유형의 문제는 3문제가 출제된다. 각 문제를 1분 30초 안에 푸는 것이 좋다.

32~34　다음을 읽고 내용이 같은 것을 고르십시오.

32. (기출문제 41회)

> 보자기는 물건을 싸는 실용적인 용도로 사용된다. 그중에서 쓰고 남은 천 조각으로 만든 것을 조각보라고 한다. 이 조각보를 만들 때는 쓰는 사람이 복을 받기를 바라는 마음으로 바느질을 한다. 이러한 조각보가 오늘날에는 예술적으로도 인정을 받고 있다. 색도, 모양도, 크기도 서로 다른 조각들을 이어 만든 조각보에는 자유분방한 아름다움과 조화로움이 살아 있기 때문이다.

① 조각보는 실용성보다 예술성이 강조되어 있다.

② 조각보는 큰 천을 여러 조각으로 잘라서 만들었다.

③ 조각보는 색이 같고 모양이 다른 조각이 이어져 있다.

④ 조각보에는 복을 기원하는 정성스러운 마음이 담겨 있다.

34. (기출문제 36회)

> 위조를 방지하기 위해 색깔과 디자인을 바꾼 수표가 곧 발행된다. 이 수표는 각도에 따라 문자의 색상이 뚜렷하게 바뀌며, 발행 번호의 색상도 기존 수표보다 더 선명하게 인쇄된다. 또한 고액권 수표는 이미지를 전산에 미리 등록하여 돈을 인출할 때 같은 수표인지를 확인하도록 했다. 이와 같은 수표의 발행으로 더욱 안전한 금융 거래를 할 수 있을 것으로 보인다.

① 이 수표는 각도에 따라 발행 번호가 바뀐다.

② 이 수표는 이미지를 인쇄하여 위조를 막는다.

③ 이 수표는 문자의 색상 변화를 통해 위조를 방지한다.

④ 이 수표는 수표의 디자인을 개선하기 위해 만들어졌다.

해설

▶ 32번 문제의 정답은 ④이다. 조각보를 만들 때 '쓰는 사람이 복을 받기를 바라는 마음으로 바느질을 한다'고 하였으므로 복을 기원하는 마음이 담겨 있다고 한 ④가 정답이다.

▶ 34번 문제의 정답은 ③이다. 본문에서 위조를 방지하기 위해 수표가 '각도에 따라 문자의 색상이 바뀐다'고 했다. 따라서 '색상 변화를 통해 위조를 방지한다'고 한 ③이 정답이다.

3분을 목표로 문제를 풀어 보세요.

1~2 다음을 읽고 내용이 같은 것을 고르십시오.

1.

> 대중에게 사랑받는 스포츠 스타들에게도 국방의 의무는 똑같이 주어진다. 그러나 국가대표 선수로 선발되어 국제대회에서 좋은 성적을 거두게 되면 병역을 면제받을 수 있다. 이러한 병역 혜택은 아직 군대를 갔다 오지 않은 선수들에게 좋은 동기부여가 되어 경기력을 향상시키기도 한다. 그러나 국제대회 출전 기회를 두고 선수들 간 갈등이 심화되는 경우도 있어 국가대표 선발에 공정성과 적법한 절차가 필요하다.

① 유명 스포츠 스타들은 병역을 면제받았다.
② 병역 혜택은 선수들의 경기력에 영향을 주기도 한다.
③ 병역을 이미 마친 선수들은 국제대회에 출전하지 않는다.
④ 병역을 이미 마친 선수들은 국가대표 선발에 참여할 수 없다.

2.

> 자외선 차단 지수인 SPF는 차단제를 바른 후 홍반이 나타나는 시간을 비교해서 숫자로 표시한 것이다. 따라서 SPF 지수가 높은 자외선 차단제가 더 오랜 시간 효과가 있다고 볼 수 있다. 그러나 미국 FDA 연구 결과에 따르면 SPF50인 자외선 차단제를 한 번 바르는 것보다 SPF30인 자외선 차단제를 자주 바르는 것이 더 효과적이라고 한다. 처음 자외선 차단제를 바를 때의 효과가 2시간 이상 지속되기 어렵기 때문이다.

① 자외선 차단 효과는 자외선 차단 지수와 관계없다.
② 자외선 차단제는 2시간에 한 번씩 바르는 것이 좋다.
③ 자외선 차단 지수가 낮을수록 효과가 장시간 유지된다.
④ 자외선 차단제는 차단 지수가 높은 것을 선택하는 것이 좋다.

글을 읽고 알맞은 주제 고르기

🚶 13일차 ___월 ___일

유형 소개 ▶ 글을 읽고 알맞은 주제를 고르는 문제이다.

유형 적중 TIP ▶ 주제를 고르는 문제이므로 이 글에서 글쓴이가 말하고자 하는 것을 파악해야 한다. 주제가 있는 문장은 보통 전체 지문의 처음이나 끝에 있거나 접속어 뒤에 나타난다. 이러한 접속어로는 '그러나, 그렇지만, 그런데' 등과 같이 상반되는 앞뒤 문장을 연결하는 접속어나 '따라서, 그러므로, 그래서' 등과 같이 원인과 결과를 연결하는 접속어 등이 있다. 또한 선택지 중에는 글의 내용과 맞는 내용이 포함된 경우가 많다. 그러나 이 문제는 주제를 고르는 것이지 맞는 내용을 고르는 것이 아니므로, 주의해서 문제를 풀어야 한다.

🕐 이 유형의 문제는 4문제가 출제된다. 각 문제를 1분 30초 안에 푸는 것이 좋다.

35~38 다음 글의 주제로 가장 알맞은 것을 고르십시오.

35. (기출문제 47회)

> 유무선의 통신 수단이 없던 시대에 위급한 상황이 생기면 불이나 연기로 정보를 주고받았다. 보통 멀리서 잘 보이는 산봉우리에서 밤에는 불을, 낮에는 연기를 피우는 방법을 사용했고 이때 알리는 위급의 정도를 다섯 등급으로 나누었다. 그런데 이 방법은 비, 구름, 안개 등의 기상 상태에 영향을 받는다는 문제점이 있었다. 그러나 이러한 한계에도 불구하고 당시에는 국가적인 긴급 상황에 대처하는 데 중요한 역할을 담당했다.

① 불이나 연기는 위험 상황을 알리는 주요 통신 수단이었다.

② 불이나 연기를 쓰는 통신 수단은 날씨의 영향을 많이 받았다.

③ 긴급 상황에는 날씨에 따라 다섯 단계로 나누어 연기를 피웠다.

④ 과거의 통신 수단으로는 국가적 긴급 상황에 대처하기 어려웠다.

36. (기출문제 35회)

패션도 비즈니스의 일부이다. 비즈니스를 목적으로 누군가를 만나야 한다면 비즈니스 상황에 따라 입고 나갈 옷의 색상, 디자인, 소재 등을 고려하여 전략적으로 이미지를 연출하는 것이 중요하다. 강한 의지를 표명해야 한다면 빳빳한 소재의 무채색 옷을 선택하는 것이 바람직하다. 반면에 상대 회사와 협상을 해야 한다면 광택이 있는 부드러운 소재의 복장을 통해 편안한 분위기를 연출하는 것이 좋다. 상대 회사를 상징하는 색상의 셔츠나 넥타이로 친근감을 표할 수도 있다.

① 회사의 이미지를 비즈니스 패션을 통해 연출하라.

② 비즈니스 상황에 부합하는 패션 전략을 활용하라.

③ 회사를 상징하는 색상으로 편안한 분위기를 조성하라.

④ 부드러운 이미지 연출을 위한 비즈니스 전략을 세워라.

해설

▶ 35번 문제의 정답은 ①이다. 과거 위급한 상황이 생기면 불이나 연기로 정보를 주고받았다는 내용의 글이다. 이 방법은 한계가 있지만 당시에는 위험을 알리는 중요한 역할을 했다고 하였으므로 ①이 가장 알맞다.

▶ 36번 문제의 정답은 ②이다. 본문에서 '비즈니스를 목적으로 한다면······상황에 따라 전략적으로 연출하는 것이 중요하다'고 하였다. 그 뒤의 문장은 목적에 따라 어떤 패션이 좋은지 그 전략의 예를 들어 설명하는 문장이다. 따라서 상황에 부합하는 패션 전략을 말한 ②가 답이다.

3분을 목표로 문제를 풀어 보세요.

1~2 다음 글의 주제로 가장 알맞은 것을 고르십시오.

1.

> 화는 누구나 느낄 수 있는 자연스러운 감정 중 하나이다. 그러나 우리는 화를 부정적으로 생각한다. 화가 나는 상태를 부도덕하다고 여기고, 화를 표출하는 것에 대해서는 자신의 감정을 잘 다스리지 못한 결과로 보는 것이다. 또한 화를 잘 내지 않는 사람을 점잖다고 하거나, 화를 잘 참으면 인내심이 강하다고 칭찬한다. 그러나 이러한 인식은 화를 사람들의 내면에 계속 쌓이게 만들 뿐이다. 어느 순간 쌓인 화가 폭발하면 더 큰 사회적 문제를 불러일으킬 수도 있다.

① 화를 내는 것에는 다 이유가 있다.
② 화를 내는 사람들을 이해해야 한다.
③ 화를 무조건 참는 것은 좋은 방법이 아니다.
④ 화를 참는 사람들은 사회 문제를 일으킬 수 있다.

2.

> 최근 저출산, 고령화로 인한 인구절벽 문제가 막연한 우려에서 점점 체감 가능한 현실로 다가오고 있다. 이런 상황에서 젊은 세대들에게는 노인을 부양해야 하는 의무가 부담스럽게 느껴질 수밖에 없다. 그러나 고령화 사회가 진행될수록 노인을 복지의 대상이 아닌 함께 살아가는 사회의 구성원으로 보는 인식이 필요하다. 그러기 위해선 이들이 쌓아 온 평생의 경험과 지혜를 적재적소에 활용할 수 있는 대안을 마련해야 할 것이다.

① 노인을 공경하는 문화를 만들어야 한다.
② 노인을 위한 복지 정책을 다각화해야 한다.
③ 저출산 문제를 해결하는 것은 고령화의 방법이다.
④ 노인을 동등한 시민으로 바라보는 인식 전환이 필요하다.

본문에서 〈보기〉의 문장이 들어갈 알맞은 위치 고르기

🏃 14일차 ＿＿월 ＿＿일

유형 소개 본문에서 〈보기〉의 문장이 들어갈 알맞은 위치를 고르는 문제이다.

유형 적중 TIP 읽기 고급 문제에 해당하는 유형으로 〈보기〉의 문장이 전체 문단에서 어디에 놓여야 할지를 묻는 문제이다. 먼저 〈보기〉의 문장을 읽고 내용을 이해한 후, 전체 글을 읽으면서 〈보기〉 문장을 각 위치에 넣어 읽어 보는 것도 한 방법이다. 글의 흐름에 어색함이 없는지 느낄 수 있어야 한다.

🕐 이 유형의 문제는 3문제가 출제된다. 각 문제를 2분 안에 푸는 것이 좋다.

39~41 다음 글에서 〈보기〉의 문장이 들어가기에 가장 알맞은 곳을 고르십시오.

41. (기출문제 60회)

> 최초의 동전은 값비싼 금과 은으로 제작되었다. (㉠) 이 동전의 가치가 매우 높았던 까닭에 주화를 조금씩 깎아 내서 이득을 보려는 사람들이 많았다. (㉡) 자연히 시장에서는 성한 금화나 은화를 찾아볼 수 없었고 주화를 발행하는 국가도 손실이 컸다. (㉢) 그래서 그 대안으로 주화들의 테두리에 톱니 모양을 새겨 훼손 여부가 잘 드러나도록 하였다. (㉣) 톱니 모양이 훼손된 주화는 육안으로 쉽게 구별할 수 있었고 그러한 돈은 사람들이 받지 않았기 때문이다.

> **보기** 그 효과는 기대 이상으로 빠르게 나타났다.

① ㉠   ② ㉡   ③ ㉢   ④ ㉣

41. (기출문제 52회)

> 지금 우리는 기계가 인간의 인지적인 영역까지 대신하는 제2의 기계 시대로 접어들고 있다. (㉠) 이러한 비약적인 기계 발전의 시대가 인간의 삶을 더 윤택하게 할지 더 소외시킬지 단정 지을 수는 없다. (㉡) 하지만 급속한 기술의 발달로 현재의 산업 구조가 크게 바뀐다는 것만은 분명하다. (㉢) 그래서 지금 초등학교에 진학하는 아이들의 65%는 현재에는 없는 직업을 갖게 될 것으로 전망된다. (㉣)

> **보기** 산업 구조의 변화에 따라 당연히 일자리의 변동성도 커질 것이다.

① ㉠   ② ㉡   ③ ㉢   ④ ㉣

해설

▶ 60회 41번 문제의 정답은 ④이다. ㉣의 앞부분은 주화에 톱니모양을 새기게 된 배경을 순서대로 나열하였다. 그리고 ㉣의 뒤는 그 결과(효과)를 나타내고 있다.

▶ 52회 41번 문제의 정답은 ③이다. 〈보기〉는 '산업 구조의 변화에 따라'라는 글로 시작되고 있는데 ㉢의 앞에 기술의 발달로 현재의 산업 구조가 크게 바뀐다는 내용이 있다. 또한 ㉢의 뒤에서는 〈보기〉에서 말한 '일자리 변동성'에 대한 설명을 하고 있으므로 ③이 답이다.

3분을 목표로 문제를 풀어 보세요.

1~2 다음 글에서 〈보기〉의 문장이 들어가기에 가장 알맞은 곳을 고르십시오.

1.
우리가 흔히 알고 있는 '방송'은 방송국이 프로그램을 만들어 송출하거나 실시간으로 중계하는 생방송을 말하는 것이었다. (㉠) 그러나 1인 방송은 방송국을 통하지 않고 개인이 콘텐츠를 제작하여 인터넷으로 방송을 송출하게 된다. (㉡) 하지만 방송자가 경제적인 이익을 위해 자극적이고 선정적인 콘텐츠를 여과 없이 방송하는 부작용이 나타나기도 한다. (㉢) 이에 따라 건전한 1인 방송 문화를 정착시키기 위한 제도가 필요하다는 목소리도 높아지고 있다. (㉣)

보기 1인 방송은 실시간 채팅을 통해 방송자와 시청자가 소통을 하며 방송을 만들어 갈 수 있어 인기를 끌고 있다.

① ㉠   ② ㉡   ③ ㉢   ④ ㉣

2.
흔히 사람들은 성공을 자신의 노력과 능력의 결과로 여긴다. 영국의 사회학자 마이클 영이 만든 '실력주의 신화'가 바로 이것이다. (㉠) 그러나 노력과 실력에 앞서 상당한 '행운'이 따라야 성공할 수 있다고 주장하는 사람들도 있다. (㉡) 일례로 마이클 조던의 사례를 들 수 있다. 마이클 조던이 미국에서 태어나지 않았다면 농구선수로서 성공을 거둘 수 있었을까? (㉢) 그가 성공할 수 있었던 것은 미국에서 태어났다는 환경적인 '운'이 따랐기 때문이다. (㉣) '실력주의 신화'를 깨야 하는 이유가 바로 여기에 있다.

보기 '운'의 도움 없이는 성공이 없음을 인정할 때 사람들은 자신의 성공을 타인과 나누는 게 쉬워진다.

① ㉠   ② ㉡   ③ ㉢   ④ ㉣

밑줄 친 부분에 나타난 인물의 말투 및 본문과 같은 내용 고르기

🏃15일차 ___월 ___일

유형 소개 밑줄 친 부분에 나타난 인물의 말투를 고르고 본문과 같은 내용을 찾는 문제이다.

유형 적중 TIP 유형 9와 비슷한 문제로 문학작품의 일부가 지문으로 나오며 두 개의 문제가 제시된다. 다만 유형 9보다 지문이 길고 고급 수준의 어휘와 표현이 나온다.

첫 번째 문제는 밑줄 친 부분에 나타난 등장인물의 태도나 말투, 심정을 묻는 문제이다. 전체 지문을 자세히 읽고 지문 속의 상황에서 관련 인물이 어떤 감정을 느낄지, 그리고 어떤 태도를 보이는지 알 수 있어야 한다. 따라서 감정, 태도 관련 어휘를 학습해 두면 도움이 된다.

두 번째 문제는 주어진 지문과 내용이 같은 것을 찾는 문제이다. 그러나 소설의 성격상 객관적 사실이 겉으로 나타나지 않을 수 있다. 따라서 글을 읽을 때는 등장인물의 상황을 나타내는 어휘를 잘 파악해야 한다. 선택지를 순서대로 읽으면서 지문과 내용이 같은지, 다른지를 확인해 보는 것도 좋은 방법이다.

🕐 이 유형의 문제는 2문제가 출제된다. 각 문제를 1분 30초 안에 푸는 것이 좋다.

42~43 다음을 읽고 물음에 답하십시오. (기출문제 47회)

42.

　낙천이 아저씨가 돌아가셨다는 소식을 수화기 저편의 아버지에게서 듣는 순간, 내 입에선 아! 짤막한 탄식이 새어 나왔다. 아침부터 희끄무레하던 하늘에서 막 눈이 쏟아지는 참이었다. 수화기를 든 채로 잠시 눈발을 주시했다. 지난가을 시골집에 들렀을 때 다른 때와는 달리 아버지가 "작은 아버지 한번 보고 갈 테냐?"고 물었던 일이 떠올랐다. 아버지는 늘 그를 작은 아버지라 지칭했지만 우리들은 그를 낙천이 아저씨라 불렀다. 뒤늦게 깨닫게 되는 일들. 그때 그랬으면 좋았을 텐데 싶은 일들. (중략)

　"올 테냐?" 수화기 저편의 아버지가 내 대답을 기다렸다. 귀는 수화기에 대고 있고 시선은 점점 굵어지는 창밖의 눈발을 응시하고 있지만 머릿속은 오늘 일정들을 체크해 보느라 분주하게 움직였다. 지금 열한 시. K와 점심. 한 시 부서 회의. 세 시에 전체 회의. 네 시에 설치 미술가의 기자 간담회에 참석한 뒤 여섯 시에는 인터뷰 약속이 잡혀 있었다. (중략)

　"눈이 많이 오네요, 아버지." 수화기 저편의 아버지 목소리에서 힘이 빠졌다. "못 오겠냐아?" 이번에는 내 몸에서 힘이 빠졌다. 당신과 뜻이 달라 실망을 할 때면 상대를 탓하거나 의견을 다시 주장하는 게 아니라 힘이 빠진 목소리로 그러냐며 곧 수납 태세로 들어가는 아버지에게 무력해진 지 오래되었다는 생각.

42. 밑줄 친 부분에 나타난 아버지의 태도로 알맞은 것을 고르십시오.

① 서운하다
② 억울하다
③ 조급하다
④ 괘씸하다

43. 이 글의 내용과 같은 것을 고르십시오.

① 눈이 많이 오자 아버지는 내가 걱정돼서 전화를 하셨다.
② 나는 오늘 일이 많아서 시골집에 가는 것이 망설여진다.
③ 나는 지난가을 시골집에 갔을 때 낙천 아저씨를 만났다.
④ 낙천 아저씨가 돌아가셨다는 소식에 나는 몸에 힘이 빠졌다.

해설

▶ 42번 문제의 정답은 ①이다. 아버지가 전화로 낙천이 아저씨(작은 아버지)가 돌아가셨다는 소식을 전하고 올 수 있는지를 물었지만 나는 '눈이 많이 온다'고 대답하며 대답을 피했다. 그러자 아버지 목소리에 힘이 빠졌다고 하는 것을 보아 서운해하는 상황이므로 ①이 가장 적합하다.

▶ 43번 문제의 정답은 ②이다. 나는 아버지가 계신 곳을 시골집으로 표현하고 있으며, 낙천이 아저씨가 돌아가셨다는 소식을 듣고 오늘 일정을 체크해 보는 모습이 나온다. 점심 약속부터 저녁 6시 이후 인터뷰 약속까지 잡혀 있어 시골집에 가는 것을 망설이고 있음을 알 수 있다.

3분을 목표로 문제를 풀어 보세요.

1~2 다음을 읽고 물음에 답하십시오.

> 강 사장은 날이 갈수록 돈의 위력에 대해 탄복해 마지않으며 무릎을 치곤 했다. 몇 해 전 주민등록증을 만들기 위해 동회에 출두했을 때만 해도 강 사장은 겁먹고 비실거리는 강아지였다. 약간쯤 화가 난 것 같은 표정으로 사람들이 묻는 말에 고개도 들지 않고 대꾸를 하면서 계속 글씨를 쓰고 있는 동직원이 그리도 높고 엄하게 보일 수가 없었다. 그러나 장마철 구름떼 몰리듯 돈이 불어나고 그에 따라 동회며 구청을 드나드는 횟수가 잦아지면서 동직원 정도는 한여름 냉수 한 사발 턱으로도 여기지 않게 되었다.

1. 밑줄 친 부분에 나타난 강 사장의 태도로 알맞은 것을 고르십시오.
   ① 거만하다
   ② 조심스럽다
   ③ 귀찮아하다
   ④ 퉁명스럽다

2. 이 글의 내용과 같은 것을 고르십시오.
   ① 강 사장은 동직원을 두려워한다.
   ② 동직원이 강 사장에게 화를 냈다.
   ③ 강 사장은 사기를 쳐서 돈을 벌었다.
   ④ 강 사장은 몇 년 만에 큰돈을 벌었다.

글을 읽고 알맞은 주제 및 빈칸에 알맞은 내용 고르기

🏃16일차 ___월 ___일

글을 읽고 알맞은 주제 및 빈칸에 알맞은 내용을 고르는 문제이다.

주어진 지문과 관련하여 두 개의 문제가 제시된 경우이다.

첫 번째 문제는 주제를 고르는 문제이다. 따라서 글을 읽고 글쓴이가 말하고자 하는 것을 파악해야 하는데, 이는 보통 지문의 처음이나 끝에 있다. 또한 접속어 뒤에 나타나기도 하는데 이러한 접속어로는 '그러나, 그렇지만, 그런데' 등과 같이 상반되는 앞뒤 문장을 연결하는 접속어나 '따라서, 그러므로, 그래서' 등과 같이 원인과 결과를 연결하는 접속어 등이 있다.

두 번째 문제는 빈칸에 알맞은 내용을 고르는 문제이다. 유형 6과 유형은 같지만 난이도가 높은 지문이 제시되므로 고급 어휘나 표현이 포함된 읽기 텍스트를 많이 읽어 보는 것이 좋다. 빈칸의 위치에 따라 문제를 푸는 방법이 달라질 수 있으므로 다음을 참고하자.

1. 빈칸이 지문의 앞부분에 있을 때 빈칸의 문장은 보통 전체 내용을 포괄하는 주제문이고 나머지 문장은 앞 문장을 보충하고 설명해 주는 문장이다. 전체 문장에서 말하고자 하는 주요 내용을 파악해야 한다.
2. 빈칸의 위치가 중간에 있을 때 빈칸의 앞뒤 문장이나 지시어를 통해 빈칸에 맞는 내용을 생각해야 한다.
3. 빈칸이 지문의 끝부분에 있을 때 위의 두 가지 상황에 모두 해당된다.

🕐 이 유형의 문제는 2문제가 출제된다. 2문제를 4분 안에 푸는 것이 좋다.

44~45 다음을 읽고 물음에 답하십시오. (기출문제 52회)

> 보편적 디자인이란 성별, 연령, 장애의 유무 등에 관계없이 누구나 편리하게 이용할 수 있도록 제품이나 사용 환경을 만드는 것을 말한다. 산업혁명 시대에는 대량 생산을 목적으로 생산의 효율성을 추구하였다. 따라서 디자인을 할 때 ( ). 그러다 보니 여기에 속하지 못한 대상은 불편을 겪을 수밖에 없었다. 이에 대한 비판과 반성에서 출발한 것이 보편적 디자인이다. 대표적인 예가 계단이 없는 저상 버스인데 이 버스는 타고 내리기 쉬워 어린이와 노인, 임산부와 장애인 등 모두가 편리하게 이용할 수 있다. 다양한 대상의 특성을 고려한 보편적 디자인은 최대한 많은 사람들이 차별 없이 생활할 수 있는 환경을 조성하는 데 큰 몫을 하고 있다.

44. 이 글의 주제로 알맞은 것을 고르십시오.

① 과거와는 다른 새로운 디자인의 개발이 요구된다.

② 보편적 디자인을 사용해야 제품의 대량 생산이 가능하다.

③ 보편적 디자인은 사회의 여러 계층을 고려한 디자인이다.

④ 제품을 디자인할 때 가장 중요한 것은 생산의 효율성이다.

45. ( )에 들어갈 내용으로 알맞은 것을 고르십시오.

① 생산할 제품의 특성을 최대한 반영하였다

② 편리한 사용 환경을 마련해 주고자 하였다

③ 당시 널리 퍼져 있던 유행의 흐름을 따랐다

④ 표준이라 여기는 다수만을 기준으로 하였다

해설

▶ 44번 문제의 정답은 ③이다. 글의 첫 부분에서 보편적 디자인의 정의를 말하고 있고, 마지막 부분에서 '최대한 많은 사람들이 차별 없이 생활할 수 있는 환경을 조성…'이라고 하였으므로 '보편적 디자인은 사회 여러 계층을 고려한 디자인'이라고 한 ③이 정답이다.

▶ 45번 문제의 정답은 ④이다. 빈칸의 앞에서 '산업혁명 시대에는 대량 생산을 목적으로 생산의 효율성을 추구하였다'고 했고 뒤에서는 '여기에 속하지 못한 대상들'이 불편을 겪었다고 하였으므로 '표준이라 여기는 다수를 기준으로 하였다'고 한 ④가 가장 적합하다.

4분을 목표로 문제를 풀어 보세요.

1~2 다음을 읽고 물음에 답하십시오.

> 효도에 대한 인식 차이는 세대 간에 매우 극명하게 드러난다. 연구 결과 부모 세대가 자녀에게 바라는 효도는 정서적 지지로 나타난 반면, 자녀 세대가 가장 중요하게 생각하는 효도는 간병 및 경제적 부양으로 나타났기 때문이다. 그러나 부모 세대의 경우 갈수록 자녀에게 경제적인 부담을 주는 것을 꺼리고, 생활비나 거주 문제 등을 독립적으로 해결하고 싶어 하는 것으로 조사됐다. 자녀들도 경제적 부양 의무에 부담을 느끼기에 앞서 부모가 (   ) 가족 간의 화목한 관계를 유지할 수 있을 것이다.

1. 이 글의 주제로 알맞은 것을 고르십시오.

   ① 효도의 방법에는 여러 가지가 있다.

   ② 자녀는 부모에게 경제적인 도움을 줘야 한다.

   ③ 부모는 생활비나 거주 문제 등을 스스로 해결해야 한다.

   ④ 진정한 효를 실천하려면 부모와 정서적인 교류가 우선되어야 한다.

2. (   )에 들어갈 내용으로 알맞은 것을 고르십시오.

   ① 자녀에게 바라는 효도가 다르다는 것을 인정해야

   ② 자신을 지금껏 키워 주신 은혜에 감사하는 마음을 가져야

   ③ 노년을 행복하게 꾸려 나갈 수 있도록 지지하고 응원해야

   ④ 생활비나 거주 문제 등을 스스로 해결할 수 있도록 도움을 줘야

본문에서 〈보기〉의 문장이 들어갈 알맞은 위치 및 본문과 같은 내용 고르기

🏃 17일차 ___월 ___일

유형 소개 본문에서 〈보기〉의 문장이 들어갈 알맞은 위치를 찾고 본문과 같은 내용을 고르는 문제이다.

유형 적중 TIP 지문 하나에 문제 두 개가 제시된다.

첫 번째 문제는 유형 14와 같은 유형으로 〈보기〉 문장이 들어갈 알맞은 위치를 고르는 문제이다. 이 유형도 〈보기〉의 문장을 읽고 내용을 이해한 후, 전체 글을 읽으면서 〈보기〉 문장을 각 위치에 넣어 읽어 보는 것이 좋다. 글의 흐름에 어색함이 없는지 느낄 수 있어야 한다.

두 번째 문제는 같은 내용을 고르는 문제이다. 이때 중요하다고 생각되는 부분에 밑줄을 치면 좋다. 이렇게 하면 선택지를 읽을 때 위의 전체 지문을 다시 읽을 필요가 없어서 빨리 답을 찾을 수 있다.

🕐 이 유형의 문제는 2문제가 출제된다. 2문제를 4분 안에 푸는 것이 좋다.

46~47 다음을 읽고 물음에 답하십시오. (기출문제 47회)

> 무인 소형 비행기 '드론'의 대중화에 대한 우려의 목소리에도 불구하고, 국토교통부는 최근 드론을 활용하는 신산업 분야에 투자하기로 결정하였다. (㉠) 정부에서 이처럼 드론 산업을 적극 지원하는 이유는 이 기술을 적용할 수 있는 분야가 무궁무진하기 때문이다. (㉡) 국토 조사를 비롯하여 재해 감시, 인명 구조 활동, 물품 수송, 통신망을 활용한 정보 전달, 여가 활동에 이르기까지 모두 드론 기술의 활용이 가능하다. (㉢) 그러나 이번 투자 결정에 따라 드론 산업이 정부 주도로 본격화됨으로써 드론의 대중화 시기가 한층 앞당겨질 것으로 기대된다. (㉣) 하지만 여전히 사생활 침해와 테러 위험 등의 보안 문제는 드론이 대중화되기 위해 넘어야 할 큰 산이다. 따라서 정부는 드론 활용 기술에 대한 투자 못지않게 드론의 악용과 위험성을 최소화하는 기술에 대한 투자에도 소홀하지 않아야 한다.

46. 다음 문장이 들어가기에 가장 알맞은 곳을 고르십시오.

> 이런 밝은 전망과 달리 사실 드론 산업은 드론 사용의 위험성에 대한 문제 제기로 인해 그동안 번번이 좌절을 겪어 왔다.

① ㉠   ② ㉡   ③ ㉢   ④ ㉣

47. 이 글의 내용과 같은 것을 고르십시오.

① 드론 활용 및 악용 방지 기술에 대한 투자가 병행되고 있다.

② 드론의 안전성 검증에 대한 필요성이 꾸준히 제기되어 왔다.

③ 정부의 투자 결정으로 드론의 대중화를 둘러싼 논란이 잠잠해졌다.

④ 정부가 드론 기술에 관심을 보임에 따라 드론 산업이 가속화되었다.

해설

▶ 46번 문제의 정답은 ③이다. 〈보기〉에서 '이런 밝은 전망'이라고 하였으므로 앞부분에는 드론 기술이 여러 분야에서 활용 가능하다는 내용이 와야 한다.

▶ 47번 문제의 정답은 ②이다. 46번의 〈보기〉를 통해서도 '드론 사용의 위험성에 대한 문제 제기'가 계속 있어 왔음을 알 수 있고, 지문에서도 '사생활 침해와 테러 위험 등의 보안 문제'를 해결해야 한다고 말하고 있다. 또한 '드론의 악용과 위험성을 최소화하는 기술에 대한 투자'도 이뤄져야 한다고 하였으므로 '드론의 안전성 검증에 대한 필요성이 꾸준히 제기되었다'고 한 ②가 답이다.

4분을 목표로 문제를 풀어 보세요.

1~2 다음을 읽고 물음에 답하십시오.

> 　최근 주행 중 차량 화재 사고의 발생이 빈번해지면서 전 차종 소화기 의무배치를 주장하는 목소리가 커지고 있다. (㉠) 1987년에 제정된 자동차 안전기준에 관한 법률 제57조에 따르면 승차 정원 7인 이상인 차량에만 소화기를 의무배치하도록 규정하고 있기 때문이다. (㉡) 한편에서는 5인승 차량의 경우 소화기를 적재할 공간이 없고 오히려 교통사고 발생 시 위험물이 될 수 있다고 우려한다. (㉢) 그러나 국민안전처 자료를 보면 국내에서는 하루 평균 13건 정도 차량 화재 사건이 발생하며 그 빈도로는 승용차가 가장 큰 것으로 나타났다. (㉣) 또한 다른 차량의 화재 사고 발생 시 초기 대응이 가능하다는 점에서 전 차종 소화기 의무배치의 중요성이 커지고 있다.

1. 다음 문장이 들어가기에 가장 알맞은 곳을 고르십시오.

> 　또한 해외에는 관련법이 없어 국가 간 무역 마찰이 발생할 수 있다는 문제점도 지적된다.

① ㉠　　　　　② ㉡　　　　　③ ㉢　　　　　④ ㉣

2. 이 글의 내용과 같은 것을 고르십시오.
   ① 하루 평균 13건 정도 승용차 화재 사고가 발생한다.
   ② 소화기는 차종과 상관없이 의무적으로 배치하고 있다.
   ③ 소화기는 교통사고 발생 시 오히려 위험한 물건이 된다.
   ④ 전 차종 소화기 의무배치는 화재 사고의 초기 대응에 유용하다.

글의 목적과 빈칸에 들어갈 내용 및 필자의 태도 고르기

유형 소개 ▶ 본문을 읽고 글의 목적, 빈칸에 들어갈 알맞은 내용, 밑줄 친 부분에 나타난 필자의 태도를 고르는 문제이다.

유형 적중 TIP ▶ 하나의 지문과 관련하여 세 개의 문제가 제시된다.

첫 번째 문제는 필자가 글을 쓴 목적을 묻는 문제이므로 글을 통해 말하고자 하는 것, 얻고자 하는 것이 무엇인지 찾아야 한다. 또한 선택지에 나타난 서술어가 무엇인지 주의하며 지문을 읽는 것이 좋고 서술어로 사용될 수 있는 어휘와 표현을 익혀 두면 좋다.

두 번째 문제는 빈칸에 들어갈 알맞은 내용을 고르는 문제이다. 난이도가 높은 지문이 제시되므로 고급 어휘나 표현이 포함된 읽기 지문을 평소에 많이 읽어 두는 것이 좋다. 그리고 빈칸의 위치에 따라 문제 푸는 방법이 달라질 수 있다. 이는 유형 6, 유형 11의 유형 적중 Tip을 참고하자.

세 번째 문제는 밑줄 친 부분에 나타난 필자의 태도를 묻는 문제이다. 밑줄 친 앞뒤 문장을 중심으로 필자가 취한 태도를 파악해야 한다. 선택지의 서술어에 주의하여 필자의 태도를 분석하는 것도 한 방법이다. 이를 위해서는 태도를 나타내는 표현을 익혀 두어야 한다.

🕐 이 유형의 문제는 한 지문에 3문제가 출제된다. 3문제를 6분 안에 푸는 것이 좋다.

48~50 다음을 읽고 물음에 답하십시오. (기출문제 60회)

4차 산업은 그 분야가 다양하지만 연구 개발이 핵심 원동력이라는 점에서 공통점을 갖고 있다. 이러한 점을 고려하여 정부는 신성장 산업에 대한 세제 지원을 확대하기로 했다. 미래형 자동차, 바이오 산업 등 신성장 기술에 해당하는 연구를 할 경우 세금을 대폭 낮춰 준다는 점에서 고무적인 일이다. 하지만 현재의 지원 조건이라면 몇몇 대기업에만 유리한 지원이 될 수 있다. 해당 기술을 전담으로 담당하는 연구 부서를 두어야 하고 원천 기술이 국내에 있는 경우에만 지원이 가능하기 때문이다. 혜택이 큰 만큼 (   ) 정부의 입장을 이해하지 못하는 것은 아니다. 그러나 이번 정책의 목적이 단지 연구 개발 지원에 있는 것이 아니라 연구 개발을 유도하고 독려하고자 하는 것이라면 해당 조건을 완화하거나 단계적으로 적용할 필요가 있다.

48. 위 글을 쓴 목적으로 알맞은 것을 고르십시오.

① 투자 정책이 야기할 혼란을 경고하려고

② 세제 지원 조건의 문제점을 지적하려고

③ 연구 개발에 적절한 분야를 소개하려고

④ 신성장 산업 연구의 중요성을 강조하려고

49. (　　　)에 들어갈 내용으로 가장 알맞은 것을 고르십시오.

① 일정한 제약을 두려는

② 연구 기관을 늘리려는

③ 투자 대상을 확대하려는

④ 지원을 단계적으로 하려는

50. 밑줄 친 부분에 나타난 필자의 태도로 알맞은 것을 고르십시오.

① 기술 발전이 산업 구조 변화에 미칠 영향을 인정하고 있다.

② 세제 지원의 변화가 투자 감소로 이어질 것을 우려하고 있다.

③ 세금 정책이 연구 개발에 미치는 부정적 영향을 비판하고 있다.

④ 신성장 기술에 대한 세제 지원 정책을 긍정적으로 평가하고 있다.

해설

▶ 48번 문제의 정답은 ②이다. '하지만'의 뒷부분을 보면, 현재의 지원 조건이 대기업에만 유리하다고 하였고, '그러나'의 뒷부분에 해당 조건을 완화하거나 단계적으로 적용할 필요가 있다고 하였다. 이는 현재 지원 조건의 문제점을 지적하는 것이다.

▶ 49번 문제의 정답은 ①이다. 전담 연구 부서를 두어야 하고 원천 기술이 국내에 있어야 한다는 것은 지원 조건에 제약을 두는 것이다.

▶ 50번 문제의 정답은 ④이다. '고무적인 일이다'는 '용기와 의욕을 북돋아 주는 일이다'라는 의미이므로 긍정적으로 평가하고 있는 것이다.

6분을 목표로 문제를 풀어 보세요.

1~3 다음을 읽고 물음에 답하십시오.

> 노년층에서만 나타났던 고독사가 최근 청·장년층에서까지 발생하고 있어 사회적 대비책이 요구되고 있다. 고독사는 보통 가족, 이웃, 사회에서 단절되어 홀로 살다가 아무도 모르게 죽음에 이르는 것을 말하는데 한국의 경우 숨진 지 3일 이후에 발견되면 고독사로 보고 있다. 고독사의 증가는 1인 가구의 증가와 관련이 깊다. 특히 청·장년들이 취업난, 실직, 이혼 등으로 인해 혼자 살게 된 후 건강에 이상이 생기면 고독사로 이어질 확률도 그만큼 높아진다. 또한 불확실한 앞날과 실패의 반복으로 인한 좌절감 때문에 스스로 고립을 택하고 결국 자살이라는 극단적인 선택을 하는 경우도 많아지고 있다. 그러나 청·장년층은 신분 노출에 부담이 없는 노년층과는 달리 (   ) 지원을 거부하는 경우도 많다. <u>이로 인해 찾아가는 복지서비스로도 지원은커녕 실태 파악조차 어려운 게 현실이다.</u> 따라서 이들의 실태를 파악하고 고독사를 방지할 수 있는 실질적인 방안이 필요하다. 우선 청장년층이 사회적으로 고립되지 않도록 사회적 연결망을 강화할 수 있는 다각적인 방안을 찾아야 할 것이다.

1. 필자가 이 글을 쓴 목적을 고르십시오.
   ① 고독사를 정의하고 그 위험을 알리기 위해
   ② 고독사가 증가한 배경을 알리고 예방책을 촉구하기 위해
   ③ 노년층과 청장년층의 고독사 원인을 비교 분석하기 위해
   ④ 청장년층의 실업률과 이혼율을 낮추고 사회적 고립을 막기 위해

2. (   )에 들어갈 내용으로 알맞은 것을 고르십시오.
   ① 한 번 실패한 경우 재기가 어렵기 때문에
   ② 건강에 이상이 생길 가능성이 낮기 때문에
   ③ 사생활과 자존심을 지키려는 성향이 강하기 때문에
   ④ 자립에 대한 두려움이 없고 도움이 필요하지 않기 때문에

3. 밑줄 친 부분에 나타난 필자의 태도로 알맞은 것을 고르십시오.
   ① 고독사의 처참한 실태에 충격을 느끼고 있다.
   ② 청장년층에 대한 복지서비스 다각화를 촉구하고 있다.
   ③ 청장년층 1인 가구 실태 조사의 중요성을 강조하고 있다.
   ④ 청장년층이 고립될 수밖에 없는 현실을 안타까워하고 있다.

Part

2

주제편

Point

사회 주제에서는 저출산, 구인구직, 사이버 범죄 등 사회문제로 대두되고 있는 지문이 출제되기도 하고 임산부 배려석, 성 소수자, 기본소득처럼 최근 논란이 되고 있는 이슈 등도 지문으로 출제될 수 있다.

1~4 다음을 읽고 내용이 같은 것을 고르십시오.

1.   🕐 ___초

한국 지하철에는 임산부 배려석이 있다. 이 자리는 눈에 잘 띄게 핑크색으로 되어 있으며 바닥에 임산부를 배려해 달라고 적혀 있다. 임산부를 배려해야 한다는 것을 반대하는 사람은 없겠지만 임산부 배려석에 무심코 앉는 사람들이 많아 임산부 배려석이라는 것이 무색할 정도로 시민들의 참여가 저조하다고 한다. 이에 임산부 배려석이라는 것을 알리기 위해 자리에 인형을 앉혀 놓거나 임산부가 다가가면 핑크색 불이 들어오게 하는 등 다양한 노력을 기울이고 있다.

① 임산부 배려석에 임신하지 않은 사람이 앉는 경우가 많다.
② 임산부에게 자리를 양보하는 것에 대해 반대하는 사람이 많다.
③ 임산부 배려석에 앉으려면 인형을 가지고 지하철을 타야 한다.
④ 임산부가 아닌 사람이 이 자리에 앉으면 핑크색 불이 들어온다.

2.   🕐 ___초

한국의 저출산 문제는 심각한 수준이라고 할 수 있다. 2006년부터 시작된 정부의 저출산 대책에도 불구하고 출산율은 매년 감소하고 있다. 이대로라면 한국의 국가경쟁력이 떨어지는 것은 물론이고 국가가 사라질 위기를 맞게 될 것이라는 목소리도 있다. 정부의 저출산 대책을 비판하는 사람들은 출산을 피할 수밖에 없게 된 원인을 분석하여 더 근본적인 대책을 세워야 한다고 주장하고 있다.

① 한국의 저출산 문제는 점차 극복되고 있다.
② 한국은 저출산으로 인해 국가경쟁력이 하락했다.
③ 저출산 극복을 위해서 더 근본적인 대책이 필요하다.
④ 2006년부터 저출산으로 인해 한국의 인구가 감소하고 있다.

---

1. 임산부 배려석
해설 임산부 배려석에 무심코 앉는 사람이 많다.
어휘 임산부, 배려석, 눈에 띄다, 바닥, 무심코, 무색하다, 참여, 저조하다

2. 저출산
해설 저출산 문제는 원인 분석을 통한 근본적인 대책을 세워야 한다.
어휘 심각하다, 정부, 대책, 감소, 경쟁력, 위기, 비판하다, 피하다, 원인, 분석, 근본적

3. 🕐 _____ 초

   성 소수자의 문화행사인 퀴어(동성애) 축제를 앞두고 종교단체와 주최 측의 마찰이 거세다. 종교단체는 기자회견을 열고 퀴어 축제가 청소년에게 잘못된 영향을 주고 에이즈(AIDS)를 확산시킨다며 철회를 촉구했다. 주최 측은 종교단체가 동성애에 대한 차별과 혐오를 조장하고 있고 성 소수자에게 상처를 주고 있다며 종교단체 관계자를 명예훼손으로 고소했다.

① 퀴어 축제는 종교단체의 반발로 철회되었다.
② 종교단체는 청소년에게 잘못된 영향을 준다.
③ 퀴어 축제는 성 소수자에 대해 차별과 혐오를 조장한다.
④ 종교단체는 퀴어 축제에 대해 부정적인 인식을 가지고 있다.

4. 🕐 _____ 초

   경기도의 한 아파트는 아이 키우기 좋은 환경을 위해 아파트의 지상 주차장을 없애고 지상에 모든 차량 출입을 금지시켰다. 여기에는 택배 차량도 예외가 아니었다. 택배기사들은 아파트 단지 입구에 차를 세워 두고 아파트 단지 내 가구로 짐을 직접 배달해야 하는 번거로움이 생겼다. 결국 택배기사들은 아파트 단지 입구까지만 물건을 배달하였고, 단지의 주민들은 택배 물건을 아파트 단지 입구로 찾으러 가는 진풍경이 펼쳐졌다.

① 경기도의 한 아파트에서는 단지 내 모든 주차장을 없앴다.
② 이 아파트는 아이의 안전을 위해 택배 차량 출입도 금지시켰다.
③ 택배기사들은 아파트 입구에서 주민들에게 직접 택배를 나눠 주었다.
④ 주민들은 가구를 배달할 때 택배 차량이 진입할 수 있도록 예외를 두었다.

---

3. 퀴어 축제
해설 종교단체와 주최 측의 마찰이 거세고 종교단체는 행사 철회를 촉구했다.
어휘 소수자, 동성애, 앞두다, 주최 측, 마찰, 거세다, 기자회견, 확산, 철회, 촉구하다, 차별, 혐오, 조장하다, 상처, 명예훼손, 고소하다

4. 택배 대란
해설 이 아파트는 아이 키우기 좋은 환경을 위해 모든 차량의 출입을 금지시켰다.
어휘 지상, 예외, 단지, 가구, 짐, 번거롭다, 진풍경

5~8 다음을 읽고 (   )에 들어갈 내용으로 가장 알맞은 것을 고르십시오.

5.   🕐 ____초

> 취업을 준비하는 사람은 '취직하기가 하늘의 별따기'라고 하는데 중소기업에서는 일할 사람 구하기가 힘들다고 한다. 취업난이 심각한데도 중소기업 구인난이 발생하는 이유는 무엇일까? 기업들은 구직자의 편견과 대기업과의 처우 격차를 구인난의 큰 이유로 꼽았다. 구직자들은 중소기업에 취직을 하게 되면 첫 단추를 잘못 꿰게 될지도 모른다는 불안감에 (   ) 대답했다.

① 중소기업에 입사하게 되었다고
② 중소기업 입사를 준비하고 있다고
③ 회사에 취직하는 것을 포기하게 된다고
④ 중소기업에 입사하는 것을 피하게 된다고

6.   🕐 ____초

> 기본소득은 개인의 소득이나 자산에 구분 없이 국가가 모든 사람에게 정기적으로 현금을 지급하는 것을 말한다. 인도의 마디야프라데시 주와 아프리카 나미비아에서 기본소득 실험을 했는데 그 결과 빈곤율과 실업률은 낮아졌고 임금, 농업 생산량, 자영업 소득은 증가했다고 한다. 이로써 기본소득은 (   ) 것이 확인되었다. 그러나 그 재원을 어떻게 마련할지는 여전히 문제로 남는다.

① 사회에 미치는 영향이 미미하다는
② 사람들이 일을 안 해도 살 수 있게 된다는
③ 나라의 재정을 악화시켜 사회적 문제가 될 수 있다는
④ 경제에 긍정적인 영향을 미쳐 삶의 질을 향상시킬 수도 있다는

---

5. 중소기업 구인난
해설 중소기업이 일할 사람 구하기가 힘든 것은 구직자들이 중소기업 입사를 피하기 때문이다.
어휘 하늘의 별따기, 중소기업, 취업난, 구인난, 편견, 대기업, 처우, 격차, 꼽다, 첫 단추를 잘못 꿰다, 불안감

6. 기본소득
해설 빈곤율과 실업률이 낮아지고 임금, 농업 생산량, 자영업 소득이 증가한 것은 경제에 긍정적인 영향을 미친 것이다.
어휘 소득, 자산, 정기적, 지급하다, 실험, 빈곤율, 실업률, 임금, 농업 생산량, 자영업, 재원, 마련하다, 여전히

7.   🕐 _____초

> 　　과거에 비해 흡연을 시작하는 연령이 낮아지면서 청소년 흡연율도 갈수록 높아지고 있다고 한다. 담배회사의 광고, 흡연에 관대한 사회 분위기, 영화나 드라마 주인공의 흡연 장면 등은 (　　　　　　　　　). 이에 많은 나라에서 담뱃갑에 흡연 경고 그림이나 사진을 그려 넣었다. 담뱃갑에 있는 경고 그림을 본 비흡연 청소년들 10명 중 9명은 '담배를 피우면 안 되겠다'고 생각했고 흡연 청소년 3명 중 1명은 경고 그림이 금연 동기 유발 효과가 있다고 대답했다.

① 담배 매출이 상승하는 주된 이유이다

② 담배가 건강에 미치는 영향을 보여 주었다

③ 담배를 피우는 청소년이 담배를 끊는 데 도움을 주었다

④ 청소년이 쉽게 흡연을 하게 되는 환경을 만들어 주었다

8.   🕐 _____초

> 　　자원봉사는 어떤 일에 대한 대가를 바라지 않고 자발적으로 타인에게 도움을 주는 것을 말한다. 보통은 비영리 단체를 통한 공식적인 봉사활동이 많고, 봉사 단체와 관계없이 개개인이 자유롭게 하는 봉사활동도 있다. 봉사활동에 참여한 많은 사람들은 (　　　　　　　　　) 봉사활동 후 얻는 보람이 매우 크기 때문에 한번 봉사활동을 하면 계속하게 된다고 입을 모은다.

① 물질적 대가는 없지만

② 큰돈을 버는 것은 아니지만

③ 타인에게 도움을 받을 수 있어서

④ 비영리 단체에 취직할 수 있는 데다가

---

7. 흡연 경고 그림
- 해설 　광고, 관대한 분위기, 영화나 드라마 주인공의 흡연 장면 등은 모두 청소년이 담배를 피우고 싶게 만드는 것들이다.
- 어휘 　흡연, 연령, 흡연율, 광고, 관대하다, 분위기, 주인공, 장면, 담뱃갑, 경고, 비흡연, 금연, 동기, 유발하다

8. 자원봉사
- 해설 　봉사활동은 대가를 바라지 않는다고 하였다.
- 어휘 　자원봉사, 대가, 자발적, 타인, 비영리단체, 공식적, 개개인, 얻다, 보람, 입을 모으다

9~12 다음 글의 주제로 가장 알맞은 것을 고르십시오.

9.   🕐 ＿＿＿초

　　스마트폰 사용으로 인한 보행자 교통사고가 증가하고 있다. 보행자를 대상으로 한 설문조사 결과에 따르면 성인 95.7%는 보행 중 스마트폰을 사용한 적이 있다고 대답했고 그중 21.7%는 사고가 날 뻔한 경험이 있다고 대답했다. 보행 중 스마트폰을 사용하면 인지력이 떨어지고 시야각이 좁아지며 인지할 수 있는 소리의 거리도 6~7미터밖에 안 된다. 보행자는 미처 대비하지 못한 상태에서 사고를 당하게 되어 치명상을 입을 수 있으므로 보행 중 스마트폰 사용을 자제해야 한다.

① 보행 중에는 스마트폰을 사용하지 않는 것이 좋다.
② 보행자 교통사고의 가장 큰 원인은 스마트폰 사용이다.
③ 보행자는 보행 중 교통사고를 당하지 않도록 주의해야 한다.
④ 시야각과 인지할 수 있는 소리의 거리는 보행자에게 매우 중요하다.

10.   🕐 ＿＿＿초

　　빌라나 아파트 같은 공동주택에서 생활하다 보면 소음 문제는 피할 수 없다. 아이들이 뛰는 소리, 애완견이 짖는 소리 그리고 세탁기, 청소기, 텔레비전 같은 가전제품 소리 등 이웃집에서 들리는 소리는 다양하다. 문제는 이로 인해 이웃 간에 얼굴을 붉히는 일이 발생한다는 것이다. 이러한 문제가 발생하는 것을 방지하기 위해서는 건물을 지을 때 주택의 방음을 고려해야 하며, 더 나아가 이웃을 생각하고 배려하는 태도와 마음을 가져야 한다.

① 이웃 간에 다투는 이유는 생활 소음 때문이다.
② 공동주택에서 소음문제를 해결할 수 있는 방법은 없다.
③ 소음 문제가 생기더라도 이웃에게 얼굴을 붉히면 안 될 것이다.
④ 건물을 지을 때 방음을 고려하고 이웃을 배려하면 소음 문제를 방지할 수 있다.

---

9. 보행자 교통사고
해설 보행 중 스마트폰 사용을 자제해야 한다.
어휘 스마트폰, 보행자, 교통사고, 증가, 대상, 설문조사, 인지력, 시야각, 거리, 미처, 대비하다, 치명상, 자제하다

10. 공동주택 소음 문제
해설 이러한 문제를 방지하기 위해 건물을 지을 때 방음을 고려하고 이웃을 배려하는 마음을 가져야 한다.
어휘 빌라, 공동주택, 소음 문제, 애완견, 짖다, 이웃, 얼굴을 붉히다, 방지, 방음, 고려하다, 배려하다, 태도

11. 🕐 ＿＿＿초

> 　노쇼(No-Show)는 예약을 해 놓고 나타나지 않는 것을 말한다. 노쇼는 원래 항공권 예약과 관련하여 쓰이던 말이었으나 의미가 확장되어 서비스업 전반에 사용되고 있다. 노쇼 족은 금전적으로 손해를 보지 않기 때문에 자신의 행위에 대해 큰 죄책감을 느끼지 못한다고 한다. 그러나 예약을 받았던 업체는 노쇼 족 때문에 다른 손님을 받을 수 없고 또 다른 고객 입장에서도 노쇼 족 때문에 서비스 업체를 이용할 수 없게 된다. 따라서 노쇼에 대한 대책이 필요하다.

① 노쇼 족을 처벌할 수 있는 법을 제정해야 한다.
② 노쇼의 피해를 막기 위한 대책을 마련해야 한다.
③ 노쇼를 예방하기 위해 예약 제도를 없애야 한다.
④ 노쇼 족은 자신의 행위에 대해 죄책감을 느껴야 한다.

12. 🕐 ＿＿＿초

> 　사이버 공간을 중심으로 발생하는 범죄를 사이버 범죄라고 한다. 대표적인 사이버 범죄는 개인정보 유출, 보이스피싱, 해킹 등이 있고 이를 통해 정보나 돈을 인출해 가기도 한다. 사이버 범죄는 인터넷 이용자 스스로 예방하고 조심하는 것이 중요하다. 컴퓨터에는 방화벽과 백신 프로그램을 설치해야 하고 보안 등급이 낮은 사이트는 피해야 하며 보낸 사람이 명확하지 않은 메일은 삭제하는 것이 좋다.

① 사이버 공간에서 발생하는 범죄는 다양하다.
② 인터넷을 이용할 때 보안 등급을 확인해야 한다.
③ 사이버 범죄에 대한 정보를 미리 알아두는 것이 좋다.
④ 인터넷 이용자 스스로 사이버 범죄를 예방하는 것이 중요하다.

Part 2

---

11. 노쇼 족
해설 노쇼에 대한 대책이 필요하다.
어휘 항공권, 관련, 의미, 확장, 전반, 노쇼 족, 금전적, 손해를 보다, 행위, 죄책감, 업체, 고객

12. 사이버 범죄
해설 사이버 범죄는 인터넷 이용자 스스로 예방하고 조심하는 것이 중요하다.
어휘 사이버 공간, 중심, 범죄, 대표적, 개인정보, 유출, 보이스피싱, 해킹, 인출하다, 이용자, 스스로, 예방하다, 방화벽, 백신 프로그램, 설치하다, 보안, 등급, 사이트, 명확하다, 삭제하다

	단어	영어	중국어	일본어	베트남어
	사회	Society	社会	社会	xã hội
1	임산부	pregnant	孕妇	妊産婦、妊婦	phụ nữ mang thai
	배려석	priority seat	专座、照顾席	優先席	ghế ưu tiên
	눈에 띄다	stick out	显眼	目立つ	bắt mắt, gây chú ý
	바닥	floor	地面	床	sàn nhà
	무심코	unconsciously	不经意	何も考えず	một cách vô ý, vô tâm
	무색하다	be overshadowed	徒有其名	名ばかりで	vô sắc, ngượng nghịu, bối rối
	참여	participation	参与、参加	協力、参加	sự tham gia
	저조하다	be low	消沉、低落	低調だ	sút, giảm
2	심각하다	serious	严重	深刻だ	nghiêm trọng
	정부	government	政府	政府	chính phủ
	대책	measures	对策	対策	đối sách
	감소	decrease	减少	減少	giảm
	경쟁력	competitiveness	竞争力	競争力	sức cạnh tranh
	위기	crisis (crises)	危机	危機	nguy cơ
	비판하다	criticize	批判	批判する	phê phán
	피하다	avoid	避、躲避	避ける	tránh, tránh né
	원인	cause	原因	原因	nguyên nhân
	분석	analysis	分析	分析	phân tích
	근본적	fundamental	根本的	根本的	mang tính cơ sở, nền móng
3	소수자	minorities	少数人	少数者	người dân tộc thiểu số
	동성애	homosexuality, homosexual love	同性恋	同性愛	tình yêu đồng tính
	앞두다	have sth ahead	前、前夕	前にする	đứng trước, trước
	주최 측	host, organizer, sponsor	主办方、主办单位	主催側	ban tổ chức
	마찰	friction	摩擦	摩擦	ma sát
	거세다	violent	巨大、猛烈	激しい	mạnh mẽ, mạnh
	기자회견	interview, press[news] conference	记者招待会、新闻发布会	記者会見	buổi họp báo
	확산	spread, diffusion	扩散	拡散	lan rộng, khuếch tán
	철회	call off	撤回、取消	撤回	thu hồi, rút khỏi
	촉구하다	urge	催促、敦促	促す	thúc giục
	차별	discrimination (against)	差别	差別	sự phân biệt
	혐오	hatred	厌恶、讨厌	嫌悪	sự chán ghét
	조장하다	encourage	助长	助長する	kích động
	상처	hurt	伤、创伤	傷	vết thương
	명예훼손	defamation	毁损名誉	名誉毀損	sự hủy hoại danh dự
	고소하다	accuse	起诉	告訴する	bùi (vị)
4	지상	ground	地上、地面	地上	mặt đất
	예외	exception	例外	例外	ngoại lệ

단어	영어	중국어	일본어	베트남어
단지	complex	园区、小区	団地	chỉ, duy chỉ
가구	furniture	家具、设备	世帯	đồ dùng gia đình
짐	load	行李、货物	荷物	đồ đạc, hành lí
번거롭다	cumbersome	麻烦、繁琐	煩雑だ	phức tạp, rắc rối
진풍경	unusual[bizarre] scene[sight]	奇观、风景线	奇妙な光景	cảnh hiếm có
5 하늘의 별따기	be almost[practically] impossible	上天摘星星	高嶺の花	khó như hái sao trên trời
중소기업	small business	中小企业	中小企業	doanh nghiệp vừa và nhỏ
취업난	unemployment crisis	就业难	就職難	vấn nạn thất nghiệp
구인난	labor shortage	招工难	求人難	sự khan hiếm lao động
편견	prejudice	偏见	偏見	định kiến, thành kiến
대기업	major company	大企业	大企業	tập đoàn, công ty lớn
처우	treatment, deal	待遇	待遇	sự đãi ngộ, sự đối xử
격차	gap	差别、差异	格差	sự chênh lệch
꼽다	point out	要数	挙げる、かぞえる	đếm ngón tay
첫 단추를 잘못 꿰다	start off on the wrong foot	第一个扣子系错了（比喻第一步）	ボタンのかけ違え	sai lầm ngay từ đầu (cài nhầm cúc đầu tiên)
불안감	anxiety	不安感	不安感	cảm giác bất an
6 소득	income	所得、收益	所得	thu nhập
자산	assets	资产、财产	資産	tài sản
정기적	regular	定期的	定期的	mang tính định kỳ
지급하다	pay	支付、付给	支給する	chi trả
실험	experiment	实验、试验	実験	thí nghiệm
빈곤율	poverty rate	贫困率	貧困率	tỉ lệ giàu nghèo
실업률	unemployment rate	失业率	失業率	tỉ lệ thất nghiệp
임금	wage(s)	工资	賃金	tiền lương
농업 생산량	agricultural production	农业产量	農業生産量	sản lượng nông nghiệp
자영업	self-employed	私营、个体	自営業	việc tự kinh doanh
재원	finances	财源、资金来源	財源	nguồn tài chính
마련하다	prepare	准备	準備する	chuẩn bị, sắp xếp
여전히	still, as ever	仍然、还是	依然として	vẫn, vẫn còn
7 흡연	smoking	吸烟	喫煙	sự hút thuốc
연령	age	年龄	年齢	độ tuổi
흡연율	smoking rate	吸烟率	喫煙率	tỉ lệ hút thuốc
광고	advertisement	广告	広告	quảng cáo
관대하다	generous	宽大	寛大だ	bao dung, quảng đại
분위기	atmosphere	气氛、氛围	雰囲気	bầu không khí
주인공	main character	主人公、主角	主人公	nhân vật chính
장면	sight, scene	场面、情景	場面	cảnh
담뱃갑	pack of cigarettes, cigarette case	烟盒	タバコの箱	gói thuốc lá

Part 2

단어	영어	중국어	일본어	베트남어
경고	warning	警告	警告	sự cảnh cáo
비흡연	non-smoking	不吸烟	非喫煙	sự không hút thuốc
금연	stop smoking	禁烟、戒烟	禁煙	sự cấm hút thuốc
동기	motive	动机	動機	động lực
유발하다	arouse	诱发	誘発する	tạo ra, dẫn đến, phát
8 자원봉사	volunteer work	志愿服务	ボランティア	hoạt động tình nguyện
대가	cost, price	代价	対価	giá tiền
자발적	voluntary	自发的、主动的	自発的	mang tính tự giác
타인	other people	他人、别人	他人	người khác
비영리단체	nonprofit organization[institution]	非盈利团体、公益团体	非営利団体	tổ chức phi lợi nhuận
공식적	official, public, formal	公式的、官方的	公式の	mang tính chính thức
개개인	individual	每个人	個々人	mỗi cá nhân
얻다	get	得到、获得	得る	đạt được, nhận
보람	worthwhile, fruitful	意义、价值	やりがい	ý nghĩa, sự bổ ích
입을 모으다	in chorus	异口同声	口をそろえる	tập hợp, thống nhất ý kiến
9 스마트폰	smart phone	智能手机	スマートフォン	điện thoại thông minh
보행자	pedestrian	步行者	歩行者	người đi bộ
교통사고	(traffic/car/road) accident	交通事故	交通事故	tai nạn giao thông
증가	increase	增加	増加	sự tăng lên
대상	subject	对象	対象	đối tượng
설문조사	survey	问卷调查	設問調査	điều tra khảo sát
인지력	perceptivity	认知能力	認知力	sự nhận thức
시야각	viewing angle	视野角度	視野（角）	tầm nhìn
거리	distance	距离	距離	khoảng cách
미처	(not) up to that	尚未、还没有	あらかじめ	chưa đến mức đó
대비하다	provide against	应对、预备	備える	đối phó, phòng bị
치명상	fatal injury	致命伤	致命傷	vết thương chí mạng
자제하다	refrain from (doing)	克制、自持	自制する	tự kiềm chế, tự chủ
10 빌라	villa	别墅式住宅	アパート、ビラ	nhà biệt thự
공동주택	an apartment house	共同住宅	共同住宅	nhà tập thể, chung cư tập thể
소음 문제	noise problem	噪音问题	騒音問題	vấn đề tiếng ồn
애완견	pet dog	宠物狗	飼い犬	chó cưng, cún cưng
짖다	bark	叫、吠	吠える	sủa, kêu
이웃	neighbor	邻居	となり	hàng xóm
얼굴을 붉히다	turn red with anger	脸红、面红耳赤	争う、顔を赤らめる	mặt ửng đỏ
방지	prevention	防止	防止	sự đề phòng, sự phòng tránh
방음	sound proof	隔音	防音	sự cách âm
고려하다	consider	考虑	考慮する	cân nhắc

단어	영어	중국어	일본어	베트남어
배려하다	be considerate	关怀、照顾	配慮する	quan tâm
태도	attitude	态度	態度	thái độ
11 항공권	airline ticket	机票	航空券	vé máy bay
관련	relation	关联、有关	関連	sự liên quan
의미	meaning	意思、意味、意义	意味	ý nghĩa
확장	expansion	扩张、扩大	拡張	sự mở rộng, sự nới rộng
전반	in general	总体、全面	全般	toàn bộ
노쇼 족	No-Shows	没有按预定抵店的人	無断キャンセル（族）	nhóm người vắng mặt dù đã đặt mua dịch vụ trước
금전적	financial	金钱上	金銭的	mang tính kinh tế, tiền bạc
손해를 보다	make[suffer, sustain] a loss	受到损失	損をする	chịu thiệt, thiệt hại
행위	act	行为、行动	行為	hành vi
죄책감	sense[feeling] of guilt	负罪感、内疚	罪の意識、罪悪感	cảm giác tội lỗi
업체	business	企业	業者	doanh nghiệp, công ty
고객	customer	顾客	顧客	khách hàng
12 사이버 공간	cyber space	电脑&网络空间	サイバー空間	không gian ảo, giả tưởng không gian
중심	center	中心	中心	trung tâm, trọng tâm
범죄	crime	犯罪	犯罪	tội phạm
대표적	typical	代表的	代表的	mang tính đại diện, tiêu biểu
개인정보	personal information	个人信息	個人情報	thông tin cá nhân
유출	spill	流出、泄露	流出	sự lộ ra, tràn ra, rò rỉ
보이스 피싱	voice phishing	电话诈骗	ボイスフィッシング	việc lừa đảo qua điện thoại
해킹	hacking	黑客侵入	ハッキング	sự đột nhập vào máy tính
인출하다	withdraw	支取、提取	引き出す	rút tiền, rút ra
이용자	user	用户	利用者	người sử dụng
스스로	by oneself	自己、主动	自ら	tự thân, tự mình
예방하다	prevent	预防	予防する	dự phòng, đề phòng
방화벽	firewall	防火墙	ファイヤーウォール	bức tường lửa
백신 프로그램	vaccine program	杀毒软件程序	ワクチンプログラム	vắc-xin chương trình
설치하다	install	安装、设置	設置する	thiết lập, lắp đặt
보안	security	保安	保安	bảo an
등급	level	等级	等級	cấp độ
사이트	site	网站	サイト	trang tin điện tử
명확하다	be clear	明确、清楚	明確だ	rõ ràng, minh bạch
삭제하다	delete	删除	削除する	xóa

환경 주제에서는 지구온난화, 이상기온, 미세먼지, 쓰레기 문제 등 현대 사회에서 접할 수 있는 환경과 관련된 문제가 출제되는데, 환경 문제의 실태를 알리는 글이나 이를 해결할 수 있는 방안과 관련된 글이 제시된다.

1~4 다음을 읽고 내용이 같은 것을 고르십시오.

1. 🕐 ___초

이상저온으로 인한 농작물 피해가 연일 뉴스에 오르내리고 있다. 특히 올해 4월에는 기온이 영하로 떨어져 눈이 내렸고 일조량도 예년에 비해 매우 부족해 농가에서 많은 피해를 보았다. 작물별 피해를 보면 배, 사과와 같은 과수가 가장 많았고 인삼과 같은 특용작물과 감자, 참외와 같은 밭작물의 순이었다. 정부와 지자체는 농가의 피해를 정밀 조사하고 지원 대책을 마련할 계획이다.

① 예년과 다르게 기온이 낮아서 농작물 피해를 보았다.
② 정부와 지자체는 농가의 피해에 대해 보상을 하였다.
③ 올해는 4월부터 눈이 내리고 기온이 영하로 떨어졌다.
④ 과일의 피해가 가장 크고 밭작물은 피해가 거의 없었다.

2. 🕐 ___초

지구온난화로 극지방의 빙하가 녹고 있다. UN은 지난 백년간 해수면이 10~25cm 높아졌고 2100년에는 50cm 이상 높아질 것이라 했다. 미국의 마크 메이어 교수는 지난 5천 년간 녹은 빙하보다 최근 수년간 녹은 빙하의 양이 더 많다고 말한다. 해수면이 50cm 이상 높아지면 산호섬의 80%가 물에 잠기고 세계 여러 지역이 물에 잠기게 된다. 만약 해수면이 상승된 상태에서 해일까지 겹친다면 저지대의 가옥이나 시설물은 모두 파괴되고 말 것이다.

① 온난화로 매년 해수면이 10~25cm 높아지고 있다.
② 빙하가 녹는 양을 과거와 비교해 보면 최근에 더 많다.
③ 2100년에는 저지대 가옥과 시설이 모두 파괴될 것이다.
④ 해수면이 50cm 이상 높아지면 지구의 80%가 물에 잠긴다.

---

1. 이상저온
[해설] 이상저온은 기온이 평소와 다르게 낮은 것을 말한다. 이상저온으로 농작물 피해가 뉴스에 나온다고 하였다.
[어휘] 이상저온, 농작물, 피해, 연일, 오르내리다, 일조량, 예년, 작물, 과수, 특용작물, 밭작물, 지자체, 정밀

2. 해수면 상승
[해설] 지난 5천 년간 녹은 빙하보다 최근 녹은 빙하의 양이 많다.
[어휘] 온난화, 극지방, 빙하, 녹다, 해수면, 산호섬, 해일, 겹치다, 저지대, 가옥, 시설물, 파괴

3. ⏱ ____초

제주에 있는 삼양해수욕장은 검은 모래로 유명하다. 그런데 최근 검은 모래가 파도에 쓸려나가고 흰 모래가 쌓이면서 모래사장이 얼룩덜룩해졌다. 모래가 쓸려나가는 이유는 해수면이 높아졌기 때문이다. 해수면 상승으로 인한 모래 유실은 삼양해수욕장만의 문제가 아니다. 하모해수욕장은 모래가 모두 쓸려나가서 하층 돌바닥이 드러나기도 했고 이호해수욕장, 김녕해수욕장 등은 수년 전부터 다른 지역의 모래를 구입해 보충하고 있다고 한다.

① 하모해수욕장은 모래와 함께 돌을 구입해 보충하고 있다.

② 해수면이 높아져서 해수욕장의 모래가 바다에 쓸려나갔다.

③ 삼양해수욕장의 검은 모래는 다른 지역에서 사 온 모래이다.

④ 삼양, 하모, 이호, 김녕 해수욕장은 검은 모래 해수욕장이다.

4. ⏱ ____초

얼마 전 환경부에서 쇠똥구리(소똥구리) 50마리에 5천만 원이라는 현상금을 걸어 사람들의 이목을 끌었다. 쇠똥구리는 이름처럼 소의 똥을 굴려 자기 집으로 가져간 후 그 속에 알을 낳는 곤충이다. 이 과정에서 소똥이 분해되어 토양이 정화되고 기름지게 된다. 그런데 쇠똥구리는 1970년대에 마지막으로 발견된 후 40년 넘게 발견되지 않고 있다. 70년대부터 농약을 과다하게 사용하고 소에게 인공사료를 먹이며 항생제를 사용하였기 때문이다.

① 쇠똥구리는 환경에 이로운 곤충이다.

② 한국에서 쇠똥구리는 1970년에 멸종되었다.

③ 사람들이 쇠똥구리에게 인공사료와 항생제를 먹였다.

④ 농약과 인공사료 사용을 줄이면 쇠똥구리 멸종을 막을 수 있다.

---

3. 모래 유실

해설 모래가 쓸려나가는 이유는 해수면이 높아졌기 때문이다.

어휘 모래, 파도, 쓸려나가다, 쌓이다, 모래사장, 얼룩덜룩, 유실, 하층, 돌바닥, 드러나다, 구입하다, 보충하다

4. 쇠똥구리

해설 쇠똥구리가 소의 똥을 굴려 집으로 가져가서 알을 낳는 과정에서 소똥이 분해되어 토양이 정화되고 기름지게 된다.

어휘 환경부, 쇠똥구리, 현상금, 이목을 끌다, 굴리다, 알, 낳다, 곤충, 분해, 토양, 정화되다, 기름지다, 발견되다, 사실상, 멸종되다, 농약, 과다하다, 인공사료, 항생제

5.

⏱ _____초

> 식물이 이산화탄소를 마시고 산소를 내보낸다는 것은 이미 상식이 된 지 오래다. 그리고 인테리어를 위해서나 취미 생활로 식물을 집안에 키우는 사람들도 늘고 있다. 식물은 ( ) 기능이 있다고 한다. 오염물질은 식물의 대사과정에서 분해되고, 일부 남은 오염물질은 흙 속 미생물의 영양분으로 사용되어 분해된다고 하니 식물을 집안 곳곳에 배치한다면 공기정화 효과를 톡톡히 볼 수 있을 것이다.

① 공기 중의 오염물질을 제거하는
② 흙 속 미생물의 성장을 촉진하는
③ 흙 속의 오염물질을 밖으로 배출하는
④ 공기를 정화해 질병을 치료하게 하는

6.

⏱ _____초

> 미세먼지는 먼지에 여러 종류의 오염물질이 붙은 것을 말하는데 단위는 μm(마이크로미터)로 나타낼 수 있다. 1μm는 1m의 백만분의 일에 해당하는 길이이다. 10μm 이하는 미세먼지라고 하고 2.5μm 이하는 초미세먼지라고 한다. 미세먼지는 ( ) 천식이나 폐 질환 증가에 영향을 줄 수 있으므로 일반인은 물론 어린이, 노인, 호흡기 질환자 등은 각별한 주의가 필요하다.

① 체온에 쉽게 녹기 때문에
② 피부에 닿으면 피부에 흡수되어
③ 호흡기를 통해 인체 내에 유입되어
④ 우리가 먹는 음식을 통해 몸속에 들어와

---

5. 실내식물 효과

해설 오염물질은 식물의 대사과정에서 분해되고 공기정화 효과를 볼 수 있다.

어휘 식물, 이산화탄소, 산소, 내보내다, 상식, 인테리어, 제거하다, 오염물질, 대사과정, 일부, 남다, 흙, 미생물, 영양분, 곳곳, 배치하다, 공기정화, 톡톡히

6. 미세먼지

해설 먼지는 호흡기로 인체에 유입된다.

어휘 미세먼지, 종류, 붙다, 단위, 해당하다, 천식, 폐 질환, 일반인, 각별한, 주의

7.

    주말이나 쉬는 날을 이용해 농사를 지을 수 있게 한 소규모의 농장을 주말농장이라고 한다. 주말농장을 이용하는 사람들은 보통 농사를 직업으로 하지 않는 도시인들이다. 이들은 여가를 활용한 취미활동이나 아이들의 농장 체험 교육을 위해 주말농장을 이용한다. 보통 주말농장에서는 상추, 오이, 호박, 방울토마토 등 채소를 많이 키우는데 (   ) 기쁨을 누릴 수 있어서 많은 사람이 이용하고 있다.

① 농장의 규모를 키워 가는
② 채소를 팔아서 돈을 버는
③ 쉬는 날에도 일을 할 수 있는
④ 자신이 직접 키운 농작물을 수확하는

8.   🕐 _____초

    환경지표생물은 (   ) 환경지표생물을 관찰하면 환경의 오염 정도를 알 수 있다. 지의류는 아황산가스에 민감하여 스모그가 심한 도시에서는 살 수 없다. 자주달개비는 방사능에 노출되면 자주색 꽃이 분홍색이나 무색으로 변하며 나팔꽃은 산성비를 맞으면 꽃잎에 반점이 생긴다. 수국은 처음에 흰 꽃이었다가 점차 색깔이 변하는데 토양이 산성일 때는 청색을 띠게 되고 알칼리일 때는 붉은색을 띤다. 이처럼 환경지표생물로 공기나 토양의 오염 정도를 알 수 있다.

① 환경에 민감하게 반응하기 때문에
② 환경오염 물질을 먹고 살기 때문에
③ 환경이 오염되면 살 수 없기 때문에
④ 특별한 환경에서 색깔이 변하기 때문에

---

7. 주말농장
해설 주말농장에서는 자신이 직접 키운 농작물을 수확한다.
어휘 농사, 소규모, 농장, 도시인, 여가, 체험, 교육, 기쁨, 누리다

8. 환경지표생물
해설 지의류, 자주달개비, 나팔꽃, 수국 모두 환경에 민감하여 도시에 못 살거나 색이 변한다. 이는 모두 환경에 반응하는 것이다.
어휘 관찰하다, 지의류, 아황산가스, 민감하다, 스모그, 방사능, 노출되다, 자주색, 무색, 변하다, 산성비, 꽃잎, 반점, 점차, 산성, 청색, 띠다, 알칼리

9~12 다음 글의 주제로 가장 알맞은 것을 고르십시오.

9.   🕐 ____초

> 세계적으로 사막화가 심각해지고 있다. 사막화 현상은 극심한 가뭄이라는 자연적인 원인과 산림 벌채, 과도한 경작, 산업화 등의 인위적 원인으로 발생한다. 사막화를 방지하기 위해서는 황폐해져 가는 지역에 나무를 심는 '녹지화'가 시급하다. 이에 여러 나라에서 사막화되는 지역에 풀과 나무를 심는 운동을 하고 있다. 특히 중국에서는 농지를 산림으로 되돌리면 나무 심는 비용과 생계비를 지원하는 노력도 하고 있다.

① 사막화 문제는 세계적인 문제이다.
② 나무를 심어 사막화를 방지해야 한다.
③ 중국의 사막화 대책을 본받아야 한다.
④ 사막화를 막기 위해 다양한 노력을 하고 있다.

10.   🕐 ____초

> 7월 3일은 '비닐봉지 안 쓰는 날(plastic bag free day)'이다. 2008년 스페인 국제환경단체의 제안으로 만들어졌으며 세계의 시민단체들이 동참하여 캠페인을 하고 있다. 1인당 연간 비닐봉지 사용량은 독일 70장, 스페인 120장 정도인데 한국은 그의 3배 정도라고 한다. 우리가 하루 동안 비닐봉지를 사용하지 않으면 이산화탄소 5,300톤을 감축할 수 있고 원유 75만 리터를 절약할 수 있다고 하니 환경도 보호하고 외화도 절약할 겸 이날 하루라도 비닐봉지 사용을 자제해 보는 것은 어떨까?

① '비닐봉지 안 쓰는 날' 캠페인을 장려해야 한다.
② '비닐봉지 안 쓰는 날'에는 비닐봉지를 쓰면 안 된다.
③ 한국은 1인당 비닐봉지 사용량이 세계에서 가장 높다.
④ 환경보호와 외화절약을 위해 비닐봉지 사용을 자제해야 한다.

---

9. 사막화
해설 사막화를 방지하기 위해 나무를 심는 녹지화가 시급하다.
어휘 사막화, 극심하다, 가뭄, 자연적, 산림, 벌채, 과도하다, 경작, 산업화, 인위적, 황폐하다, 지역, 심다, 녹지화, 시급하다, 풀, 농지, 되돌리다, 비용, 생계비, 지원

10. 비닐봉지 안 쓰는 날
해설 비닐봉지 사용을 자제하면 환경도 보호하고 외화도 절약할 수 있다.
어휘 비닐봉지, 국제환경단체, 제안, 시민단체, 동참하다, 캠페인, 사용량, 톤, 감축, 원유, 리터, 절약하다, 보호하다, 외화, 겸

11. ⏱ ____초

대기 중의 비는 약산성을 띠고 있다. 이런 비가 공기 중의 오염물질과 만나 강한 산성을 띠게 되면 이것을 산성비라고 부른다. 산성비로 인한 피해는 매우 크다. 스웨덴에 있는 호수의 1/4은 이미 산성화되었고 미국 동부의 한 호수도 물고기가 살지 못할 정도로 산성화되었다고 한다. 고대 유물도 산성비에 노출되어 부식이 진행되고 있고 세계 곳곳의 나무와 농작물들이 산성비에 직접 노출되거나 산성비로 인한 토양의 산성화로 말라죽어 가고 있다고 한다.

① 산성비로 인한 피해가 심각하다.
② 산성비는 물과 토양에 영향을 미친다.
③ 산성비를 막으려면 공기 오염물질을 줄여야 한다.
④ 산성비 문제를 해결할 수 있는 방안을 찾아야 한다.

12. ⏱ ____초

북태평양 하와이와 미국 캘리포니아 주 사이에는 '거대 쓰레기 섬'이 있다고 한다. 이 쓰레기 섬은 한반도 면적의 7배이며, 무게는 7만 9천 톤에 달한다고 한다. 쓰레기 섬은 1조 8천억 개 정도의 쓰레기 조각으로 이루어져 있고, 이 가운데 99%가 플라스틱이다. 플라스틱 쓰레기를 해양생물이 먹게 되면 해양 생태계에 치명적인 영향을 미치며, 이것은 생태계의 상위 포식자인 인간에게도 영향을 미칠 것으로 예상된다.

① 해양 쓰레기의 대부분은 플라스틱 쓰레기이다.
② 미국 캘리포니아 주에는 '거대 쓰레기 섬'이 있다.
③ 플라스틱 쓰레기는 해양 생태계와 인간에게 영향을 준다.
④ 쓰레기 섬은 하와이와 캘리포니아 주민들에 의해 만들어졌다.

Part 2

---

11. 산성비
해설 산성비로 인한 피해는 매우 크다.
어휘 대기, 약산성, 강하다, 호수, 산성화, 고대, 유물, 부식, 진행되다, 직접, 말라죽다

12. 쓰레기 섬
해설 플라스틱 쓰레기는 해양 생태계에 치명적인 영향을 미치고 인간에게도 영향을 미칠 것이다.
어휘 북태평양, 거대, 섬, 한반도, 면적, 무게, 달하다, 조각, 플라스틱, 해양생물, 생태계, 치명적, 상위, 포식자, 예상되다

단어	영어	중국어	일본어	베트남어
환경	Environment	环境	環境	Môi trường
1 이상저온	unseasonably cool temperatures	异常低温	異常低温	nhiệt độ thấp bất thường
농작물	crop, produce	农作物、庄稼	農作物	nông sản
피해	damage	被害、受害	被害	sự thiệt hại
연일	every day	连日、连续几天	連日	nhiều ngày liên tiếp
오르내리다	go up and down	上下、上上下下	取り上げられる	lên xuống
일조량	sunshine	日照	日照量	lượng ánh nắng mặt trời
예년	average year	历年往年	例年	mọi năm, hàng năm
작물	crop	作物、农作物	作物	sản phẩm thu hoạch
과수	fruit tree	果树	果樹	cây ăn quả
특용작물	special crop	特殊作物	特用作物	cây trồng đặc dụng
밭작물	upland crop	旱田作物	畑作物	nông sản thu hoạch trên đồng ruộng
지자체	local government	地方自治团体	地方自治体	tổ chức tự trị địa phương
정밀	detailed	精密	精密	sự chính xác, tinh xảo, chi tiết
2 온난화	global warming	温暖化、变暖	温暖化	hiện tượng ấm lên của trái đất
극지방	polar region	极地	極地	vùng địa cực
빙하	glacier	冰河、冰川	氷河	tảng băng lớn
녹다	melt	化、融化	溶ける	tan chảy
해수면	sea level	海面、洋面	海水面	mực nước biển
산호섬	coral island	珊瑚岛	サンゴ島	đảo san hô
해일	tsunami	海啸	津波	sóng thần
겹치다	come[occur] together	重叠	重なる	chồng lên, trùng lặp
저지대	lowland	低地带、洼地	低地帯	vùng đất thấp, vùng trũng
가옥	house	房子、房屋	家屋	nhà cửa
시설물	structure	设施	施設	cơ sở vật chất
파괴	destruction	破坏	破壊	sự phá hủy, sự phá hoại
3 모래	sand	沙、沙子	砂	cát, hạt cát
파도	wave	波涛	波	sóng
쓸려나가다	be swept away	席卷而去	流される	cuốn trôi, quét đi
쌓이다	pile up	堆积	積み重なる	chất đống, chất chồng lên
모래사장	sandy beach	沙滩	砂浜	bãi cát, bờ cát
얼룩덜룩	mottled	斑斑、斑驳	まだらに	lốm đốm, loang lổ
유실	loss	流失、冲走	流失	sự cuốn trôi

단어	영어	중국어	일본어	베트남어
하층	underlayer	下层	下層	tầng lớp dưới
돌바닥	stone floor	岩盘、石地	岩盤	sàn đá
드러나다	come out	露出、显现	現れる	hiện ra, lộ ra
구입하다	purchase	购入、购买	購入する	mua
보충하다	supplement	补充	補う	bổ sung
4 환경부	Ministry of Environment	环境部	環境部（環境省）	Bộ Môi trường
쇠똥구리	dung beetle	蜣螂	フンコロガシ	con bọ hung
현상금	reward	悬赏金、赏金	懸賞金	giải thưởng bằng tiền mặt
이목을 끌다	attract attention	引人注目、瞩目	耳目を集める	thu hút sự chú ý
굴리다	roll	滚、滚动	転がす	lăn, cuộn tròn
알	egg	卵、蛋	卵	trứng
낳다	lay	产、生产	産む	sinh ra, đẻ ra
곤충	insect, bug	昆虫	昆虫	côn trùng
분해	decomposition	分解	分解	sự tháo rời
토양	soil	土壤、泥土	土壌	đất đai, thổ nhưỡng
정화되다	purify	净化	浄化する	được thanh lọc, tẩy rửa
기름지다	be fertile	肥沃	肥沃だ	béo ngậy, nhiều dầu mỡ
발견되다	be found	发现、发觉	発見される	được phát hiện
사실상	actually, in fact	事实上	事実上	trên thực tế
멸종되다	become extinct	灭绝、绝种	絶滅する	bị tuyệt chủng
농약	agricultural pesticide	农药	農薬	nông dược, thuốc diệt trừ sâu cỏ
과다하다	be excessive	过度、过多	過度だ	quá đà
인공사료	artificial feed	人工饲料	人工飼料	thức ăn nhân tạo dành cho gia súc
항생제	antibiotic	抗生剂、抗生素	抗生剤	thuốc kháng sinh
5 식물	plants	植物	植物	thực vật
이산화탄소	carbon dioxide	二氧化碳	二酸化炭素	khí các-bon đi-ô-xít
산소	oxygen	氧	酸素	khí ô-xy
내보내다	exhale	排出、输出	送り出す	để cho ra đi
상식	common sense	常识	常識	kiến thức thông thường
인테리어	interior design	装修、装饰	インテリア	nội thất
제거하다	remove	除去、去掉	除去する	trừ khử, loại bỏ
오염물질	pollutant	污染物	汚染物質	chất thải gây ô nhiễm
대사과정	metabolic process	代谢过程	代謝過程	quá trình trao đổi chất
일부	part	一部分、部分	一部	một phần
남다	be left (over), remain	剩余、残留	残る	còn lại
흙	dirt	土、泥土	土	đất sét, bùn

단어	영어	중국어	일본어	베트남어
미생물	microorganism	微生物	微生物	vi sinh vật
영양분	nutrient	营养、养分	栄養分	thành phần dinh dưỡng
곳곳	here and there, everywhere	处处、到处	あちこち	khắp nơi, mọi nơi
배치하다	place	布置、安排	配置する	bố trí
공기정화	air purification	空气净化	空気浄化	sự thanh lọc không khí
톡톡히	certainly	充分、着实	はっきり	một cách dày dặn, đặc, nhiều
6 미세먼지	fine dust	微尘、雾霾	微細なほこり	bụi siêu nhỏ
종류	kind (of), sort (of)	种类	種類	chủng loại
붙다	stick (to)	附着	付着する（つく）	dán, dính
단위	unit, measure	单位	単位	đơn vị
해당하다	account for	相当于	該当する	tương ứng
천식	asthma	哮喘、喘息	喘息	bệnh hen suyễn
폐 질환	lung disease	肺病	肺疾患	bệnh phổi
일반인	ordinary people	一般人、普通人	一般人	người bình thường
각별한	special	个别、格外	格別な	đặc biệt
주의	attention, caution	注意	注意	sự chú ý
7 농사	farming	农活儿、种地	農作業	việc nông, việc trồng trọt
소규모	small scale	小规模	小規模	quy mô nhỏ
농장	farm	农场	農園（農場）	nông trường, nông trại
도시인	city dweller	城市人、都市人	都会人	người thành phố
여가	leisure	空闲、闲暇	余暇	thời gian rảnh rỗi
체험	experience	体验、感受	体験	sự trải nghiệm
교육	education	教育	教育	giáo dục
기쁨	pleasure	高兴、喜悦	喜び	niềm vui
누리다	enjoy	享受	味わう	tận hưởng
8 관찰하다	observe, watch	观察	観察する	quan sát
지의류	lichen	地衣类	地衣類	các loại rêu, địa y
아황산가스	sulfurous acid gas	二氧化硫气体	亜硫酸ガス	khí a-xít sun-phu-rích (khí lưu huỳnh)
민감하다	be sensitive	敏感	敏感だ	nhạy cảm
스모그	smog	烟雾、烟尘	スモッグ	sương khói
방사능	radioactivity	放射性、放射能	放射能	lực phóng xạ
노출되다	be exposed	露出、泄露	さらされる	bị lộ, bị phơi bày
자주색	purple	紫红色	赤紫色	màu đỏ mận
무색	colorless	无色	無色	vô sắc, không màu
변하다	change	变、变化	変わる	biến đổi

단어	영어	중국어	일본어	베트남어
산성비	acid rain	酸雨	酸性雨	mưa a-xít
꽃잎	petal, floral leaf	花瓣	花びら	cánh hoa
반점	spot	斑点	斑点	cái đốm, cái vết chấm
점차	gradually	渐渐、逐渐	次第に	dần dần
산성	acid	酸性	酸性	tính a-xít
청색	blue	青色	青色	màu xanh da trời
띠다	be tinged with	呈现、带有	帯びる	thắt, mang
알칼리	alkali	碱	アルカリ	chất kiềm
9 사막화	desertification	沙漠化、荒漠化	砂漠化	sự sa mạc hóa
극심하다	severe, intense, extreme	极其严重	激甚だ	quá khắc nghiệt, tột độ
가뭄	drought	旱、干旱	日照り（干ばつ）	hạn hán
자연적	natural	自然的	自然の	mang tính chất thiên nhiên
산림	forest	山林、森林	山林（森林）	rừng
벌채	disforestation	采伐、砍伐	伐採	sự chặt cây
과도하다	be excessive	过度、过分	過度だ	quá độ
경작	cultivation	耕作、耕种	耕作	sự canh tác
산업화	industrialization	产业化、工业化	産業化	sự công nghiệp hóa
인위적	artificial, man-made	人为的、人工的	人為的	mang tính nhân tạo
황폐하다	be devastated	荒废、荒芜	荒廃する	hoang phế, hoang tàn
지역	area	地域、地区	地域	khu vực
심다	plant	种、种植	植える	trồng
녹지화	afforestation	绿地化	緑地化	việc phủ xanh rừng
시급하다	urgent	紧急、紧迫	急がれる	gấp rút, cấp bách
풀	grass	草	草	cỏ
농지	farmland	农地、耕地	農地	đất nông nghiệp
되돌리다	restore	使恢复	戻す	quay lại, trở lại
비용	cost	费用	費用	chi phí
생계비	living expenses	生活费	生計費	sinh hoạt phí
지원	support	支援	支援	sự viện trợ
10 비닐봉지	plastic bag	塑料袋	ビニール袋	túi ni lông
국제환경단체	international environmental group	国际环境团体	国際環境団体	tổ chức môi trường quốc tế
제안	suggestion	提案、提议	提案	sự đề án, sự kiến nghị
시민단체	civic group	市民团体	市民団体	đoàn thể nhân dân
동참하다	join, participate in	共同参加、一起参加	加わる	cùng tham gia, đồng tham dự
캠페인	campaign	活动、运动	キャンペーン	chiến dịch, cuộc vận động

Part 2 주제편

	단어	영어	중국어	일본어	베트남어
	사용량	usage	使用量	使用量	lượng mức sử dụng
	톤	ton	吨	トン	tấn
	감축	reduction	减少、减缩	削減	sự rút ngắn, giảm bớt, việc chúc mừng
	원유	crude	原油	原油	dầu thô
	리터	liter	升	リットル	lít
	절약하다	save	节约、节省	節約する	tiết kiệm
	보호하다	protect	保护、保障	保護する	bảo vệ
	외화	foreign currency [exchange]	外币、外汇	外貨	ngoại tệ
	겸	and	兼、同时	兼ねて	kiêm (cùng với)
11	대기	the atmosphere	大气	大気	bầu khí quyển
	약산성	slightly acid	弱酸性	弱酸性	độ a-xít yếu
	강하다	be strong	强、强大	強い	mạnh
	호수	lake	湖、湖水	湖	hồ
	산성화	acidification	酸性化	酸性化	sự a-xít hóa
	고대	ancient	古代	古代	thời cổ đại
	유물	relic	遗物、文物	遺跡（遺物）	di vật
	부식	corrosion	腐蚀	腐食	sự ăn mòn, sự gỉ sét
	진행되다	be under way	进行	進行する	được triển khai, được tiến hành
	직접	directly	直接	直接	trực tiếp
	말라죽다	wither	干死、枯死	枯死する	chết khô, chết héo
12	북태평양	the North Pacific (Ocean)	北太平洋	北太平洋	Bắc Thái Bình Dương
	거대	huge	巨大	巨大	sự to lớn, sự đồ sộ
	섬	island	岛	島	đảo
	한반도	the Korean Peninsula	韩半岛、朝鲜半岛	朝鮮半島	bán đảo Hàn
	면적	area	面积	面積	diện tích
	무게	weight	重量、分量	重さ	trọng lượng, cân nặng
	달하다	reach	达、达到	達する	đạt đến
	조각	piece	片、块、部分	かけら	mẩu, miếng
	플라스틱	plastic	塑料、塑胶	プラスティック	nhựa
	해양생물	marine life, marine organism	海洋生物	海洋生物	sinh vật biển
	생태계	ecosystem	生态系统	生態系	hệ sinh thái
	치명적	fatal	致命的	致命的	mang tính sống còn, chí mạng
	상위	high rank	上、上位	上位	tầng lớp trên, địa vị cao
	포식자	predator	捕食者	捕食者	động vật ăn thịt
	예상되다	be expected	预想、预计	予想される	được dự đoán

문화·예술·스포츠

Point

문화·예술·스포츠 주제에서는 세계 여러 나라의 문화를 소개하는 글, 전통문화나 대중문화의 특징과 관련된 글, 예술가와 예술작품에 관련된 글, 스포츠를 주제로 하는 글 등이 출제된다. 문화·예술·스포츠와 관련된 용어가 출제될 수도 있으므로 다양한 문화·예술·스포츠 관련 지문을 읽어 보는 것이 좋다.

1~4 다음을 읽고 내용이 같은 것을 고르십시오.

1.   🕐 ___초

> 조선 후기는 풍속화가 크게 발달하였다. 대표적인 화가로는 김홍도와 신윤복이 있다. 김홍도의 대표적인 작품은 씨름, 서당, 무동, 타작 등이다. 그는 작품 속에서 당시 서민들의 일상생활 모습을 재미있고 정감 있게 그려내고 있다. 신윤복은 그림 속에 양반과 여성을 자주 등장시켜 주로 사회를 풍자하는 그림을 그렸다. 대표적인 작품으로는 미인도, 단오풍정, 춘야밀회 등이 있다.

① 김홍도와 신윤복은 조선의 대표적인 풍속 화가이다.
② 김홍도는 조선 전기 사람이고 신윤복은 조선 후기 사람이다.
③ 김홍도는 양반과 여성의 일상생활 모습을 재미있게 그려냈다.
④ 신윤복은 서민들의 모습을 등장시켜 사회를 풍자하는 그림을 그렸다.

2.   🕐 ___초

> 라마단은 아랍어로 '매우 더운 달'을 의미한다. 라마단은 이슬람 문화에서 가장 크고 성스러운 행사이다. 이 기간에 무슬림들은 해가 뜰 때부터 해가 질 때까지 금식을 하고 날마다 5번 기도를 하면서 자신의 잘못을 돌아본다. 임산부, 수유부, 노약자, 환자, 여행자 등은 예외로 식사가 가능하지만 추후에 금식 기간을 채우는 것이 관례이다. 라마단 기간이 끝나면 이웃과 인사를 나누고 선물을 교환하며 3일간 축제를 한다.

① 라마단 기간에 5번 기도를 하면 식사가 가능하다.
② 모든 이슬람인은 라마단 기간에 음식을 먹을 수 없다.
③ 이슬람 문화에서 가장 크고 성스러운 행사는 라마단이다.
④ 라마단 기간이 끝나면 해가 뜰 때부터 질 때까지 축제를 한다.

---

1. 김홍도와 신윤복
해설 조선은 풍속화가 발달하였고 대표적인 화가로 김홍도와 신윤복이 있다.
어휘 조선, 후기, 풍속화, 발달하다, 화가, 작품, 당시, 서민, 일상생활, 정감, 양반, 등장, 사회, 풍자하다

2. 라마단
해설 라마단은 이슬람 문화에서 가장 크고 성스러운 행사이다.
어휘 아랍어, 달, 이슬람, 성스럽다, 행사, 무슬림, 뜨다, 지다, 금식, 기도, 잘못, 돌아보다, 수유부, 노약자, 환자, 추후, 채우다, 관례, 교환

3. 🕐 _____초

국민체력인증센터는 국민체력인증검사를 실시하는 국가공인 인증기관이다. 이곳에 가면 무료로 체력 측정, 체력 평가, 운동 처방을 받을 수 있다. 체력 인증 검사를 받기 위해서는 하루 전에 사전 예약을 해야 한다. 온라인 접수, 방문 접수, 전화 접수를 이용하여 날짜와 시간을 예약하면 된다. 체력 인증을 받으면 자신의 상태에 따라 1등급, 2등급, 3등급으로 등급이 나오며 평가지(인증서)와 함께 기념품도 받을 수 있다.

① 국민체력인증검사의 일부는 무료로 받을 수 있다.
② 국민체력인증센터는 국가에서 인증하는 기관이다.
③ 국민체력인증센터에 방문하면 바로 검사를 받을 수 있다.
④ 사전 예약을 하면 등급 평가지와 기념품을 받을 수 있다.

4. 🕐 _____초

매년 7월이면 열리는 여름 대표 축제인 보령머드축제가 올해도 어김없이 열린다. 보령머드축제는 국내 축제 중 외국인이 가장 많이 참여하는 축제로 국적, 성별, 나이와 상관없이 진흙을 뒤집어쓰며 즐기는 축제이다. 보령머드축제는 해양어드벤처 체험, 머드 마사지 체험, 갯벌 체험 등 다양한 체험행사뿐만 아니라 공군 에어쇼, 버스킹 공연, K-POP 콘서트 등 볼거리도 풍부하다. 오는 13일 금요일부터 22일 일요일까지 열흘간 진행될 예정이다.

① 보령머드축제는 한국에서 가장 큰 축제이다.
② 보령머드축제는 7월 13일부터 열흘간 열린다.
③ 보령머드축제는 외국인이 가장 만족해하는 축제이다.
④ 보령머드축제는 다양한 체험행사를 무료로 제공한다.

---

3. 국민체력인증센터
해설 국민체력인증센터는 국가공인 인증기관이다.
어휘 국가공인, 인증기관, 무료, 체력, 측정, 평가, 처방, 사전, 접수, 평가지, 인증서, 기념품

4. 머드축제
해설 매년 7월이면 열리는 보령머드축제는 오는 13일부터 열흘간 진행될 예정이다.
어휘 열리다, 어김없다, 국적, 성별, 상관없다, 진흙, 뒤집어쓰다, 즐기다, 체험, 머드, 마사지, 갯벌, 공군, 에어쇼, 버스킹 공연, 콘서트, 볼거리, 풍부하다, 열흘, 예정

5~8 다음을 읽고 (   )에 들어갈 내용으로 가장 알맞은 것을 고르십시오.

5. 🕐 _____초

인구주택 총 조사에 따르면 한국에는 5,000개가 넘는 성씨가 있다고 한다. 70~80년대까지 한국인의 성씨는 한자로 된 성씨만 존재했는데 최근 (   ) 한자 없이 한글로만 된 성씨도 많아지고 있다고 한다. 2016년 기준으로 한자가 있는 성씨는 1,507개이고 한자가 없는 성씨는 4,075개이다. 한자가 있는 성씨도 2000년대에는 286개였으므로 한자가 있는 성씨 중에도 귀화 성씨가 있음을 알 수 있다.

① 다문화 사회가 되면서
② 과학기술이 발달하면서
③ 한자 사용자가 감소하면서
④ 인구가 급속도로 증가하면서

6. 🕐 _____초

수많은 민족은 각자 다양한 집단을 이루고 살며 자신들의 문화를 가지고 있다. 집단이 다양한 만큼 문화도 다양하기 마련이지만 어느 문화가 더 좋거나 나쁘다는 우열은 없다. 따라서 문화를 연구하는 문화 인류학자들은 다른 문화를 올바르게 이해하기 위해서 자민족 중심주의로부터 벗어나 문화상대주의적 입장을 취한다. (   ) 상대방이 나와 다르다는 것을 인정해야만 가능하기 때문이다.

① 다른 문화를 제대로 이해하려면
② 다른 문화와 교류를 하고 싶다면
③ 다른 문화와 자기 문화와 비교할 때
④ 다른 문화를 자기 문화로 받아들이려면

5. 성씨
해설 성씨가 다양해진 것은 귀화한 사람이 늘었기 때문이다.
어휘 인구주택 총 조사, 성씨, 한자, 존재하다, 기준, 귀화

6. 문화상대주의
해설 다른 문화를 올바르게 이해하기 위해 문화상대주의적 입장을 취한다. 다른 문화를 이해하려면 상대를 인정해야 한다.
어휘 민족, 집단, 우열, 연구하다, 문화 인류학자, 올바르다, 이해하다, 자민족 중심주의, 벗어나다, 문화상대주의, 입장을 취하다, 인정하다

　　화폐에는 그 나라를 대표하는 인물, 건축물, 동식물, 자연물 등 다양한 것이 그려져 있는데 그중 인물이 가장 많다. 인물에는 (　　　　　　　　　) 인물의 얼굴뿐만 아니라 아이들, 농사짓는 사람, 고기 잡는 사람, 악기를 연주하는 사람, 전통춤을 추는 사람 등 화폐를 사용하는 지역민의 평범한 모습도 있다. 이밖에 사자, 코끼리, 새 등과 같은 동물과 개미, 매미와 같은 곤충도 있으며 꽃과 나무, 강, 호수, 폭포와 같은 자연 환경도 있고 다이아몬드 같은 광물도 있다.

① 요리사나 미용사처럼 기술을 가진
② 사업가나 투자자처럼 많은 부를 축적한
③ 가수나 배우처럼 사람들에게 인기가 있는
④ 정치 지도자나 과학자처럼 어떤 업적이 있는

　　조선의 고위 관리였던 채제공의 초상화를 보면 채제공의 양쪽 눈의 초점이 맞지 않는다는 것을 알 수 있다. 채제공이 사시였기 때문이다. 채제공은 초상화를 그릴 때 (　　　　　　　　　). 거짓됨을 싫어한 채제공의 성품이 초상화에 나타난 것이다. 초상화에 자신의 결함을 감추지 않고 그린 것은 채제공뿐만이 아니다. 조선시대 초상화 속 인물의 약 75%에서 피부병의 흔적이 발견된다고 한다. 이것은 거짓됨을 멀리하고 진솔함을 중요하게 여겼던 우리 조상의 정신이 반영된 것이다.

① 실제 자신의 모습과 다르게 그렸다
② 자신의 성품을 나타내기 위해 노력했다
③ 사시라는 자신의 신체적 결함을 감추지 않았다
④ 자신이 상상하고 있는 모습을 그림으로 그렸다

---

7. 화폐
해설 빈칸 뒷부분은 평범한 지역민이므로 빈칸에는 평범하지 않은 업적이 있는 사람이어야 한다.
어휘 화폐, 인물, 건축물, 동식물, 자연물, 악기, 연주하다, 전통, 지역민, 평범하다, 모습, 이밖에, 폭포, 다이아몬드, 광물

8. 초상화
해설 거짓됨을 싫어한 채제공의 성품이 초상화에 나타났고, 자신의 결함을 감추지 않고 그린 것은 채제공뿐만이 아니라고 하였다.
어휘 고위, 관리, 초상화, 양쪽, 초점, 사시, 성품, 결함, 감추다, 피부병, 흔적, 멀리하다, 진솔함, 여기다, 조상, 정신, 반영되다

9.   🕐 _____초

> 남북통일 농구대회가 지난 5일 평양에서 열렸다. 남북통일 농구팀은 평화 팀과 번영 팀으로 구성되었으며 남한과 북한 선수들이 한 팀을 이루어 경기를 진행하였다. 남북한 선수들이 서로 손을 잡고 경기장에 입장하자 평양 시민과 해외동포로 이루어진 관중은 뜨겁게 환호하였다. 남북통일 농구대회를 통해 선수들은 함께 연습하며 실력을 겨루고 우정을 쌓아가고 있다. 이 경기는 남과 북의 체육 교류를 확대하고 민족이 화해하고 단합하는 데에 크게 기여할 것으로 보인다.

① 남북통일 농구대회를 시작으로 다른 운동경기도 교류해야 한다.
② 남북통일 농구대회를 하면 농구 선수들끼리 우정이 돈독해진다.
③ 남북통일 농구대회는 남한과 북한에서 교대로 개최하는 것이 좋다.
④ 남북통일 농구대회는 남과 북이 화해하고 단합하는 데 기여할 것이다.

10.   🕐 _____초

> 건국신화 속의 영웅들은 우리와 태생이 다르다. 하늘에서 내려왔다는 이도 있고 신의 아들인 경우도 있으며 알에서 태어나거나 바다 혹은 산에서 솟은 이도 있다. 오늘날 이것을 그대로 믿는 사람은 없겠지만 건국신화 속 영웅들의 태생은 왜 평범하지 않은 것일까? 백성을 쉽게 지배하기 위해 자신들을 하늘로부터 권위를 부여받은 특별한 존재로 만든 것은 아닌가 싶다.

① 보통 사람들은 자신과 태생이 다른 사람들을 믿고 따르는 편이다.
② 건국신화 속 영웅은 하늘로부터 권위를 부여받은 특별한 존재이다.
③ 건국신화 속 영웅은 백성을 쉽게 지배하기 위해 특별한 존재로 만들어졌다.
④ 신화 속 이야기들은 사실이 아니라서 신화 속 영웅의 태생을 믿는 사람은 없다.

---

9. 남북통일 농구대회
[해설] 이 경기는 민족이 화해하고 단합하는 데 크게 기여할 것으로 보인다.
[어휘] 남북통일, 농구팀, 구성되다, 경기, 선수, 경기장, 입장하다, 해외동포, 관중, 환호하다, 실력, 겨루다, 우정을 쌓다, 교류, 확대하다, 화해하다, 단합하다, 기여하다

10. 건국신화 속 영웅
[해설] 백성들을 쉽게 지배하기 위해 자신들을 특별한 존재로 만든 것은 아닌가 싶다.
[어휘] 건국신화, 영웅, 태생, 이, 신, 경우, 알, 태어나다, 혹은, 솟다, 백성, 지배하다, 권위, 부여받다, 특별하다, 존재

11. ⏱ _____ 초

> 한국의 전통 가옥은 한옥이다. 한국은 사계절이 뚜렷하기 때문에 한옥에는 더운 여름과 추운 겨울을 잘 지낼 수 있는 시설이 필요했다. 그래서 우리 조상은 한옥에 마루와 온돌을 설치했다. 마루는 나무판을 깔아 바닥과 사이를 띄워 통풍이 잘 되게 하는 구조이고, 온돌은 부엌에서 땐 불의 불기운이 바닥 전체의 온도를 높여주게 하는 구조로 되어 있다. 그래서 마루와 온돌 덕분에 여름은 시원하게 겨울은 따뜻하게 보낼 수 있었다.

① 한국은 사계절이 뚜렷하기 때문에 한옥에서 사는 것이 좋다.
② 한옥에는 한국의 여름과 겨울을 잘 지낼 수 있는 시설이 있다.
③ 한옥의 온돌은 겨울에는 따뜻하지만 여름에는 더워서 불편하다.
④ 마루와 온돌이 설치되어 있지 않으면 한국의 전통 가옥이 아니다.

12. ⏱ _____ 초

> 어느 한 민족이나 국가만의 고유한 전통문화가 존재할 수 있을까? 완벽히 고립이 되어서 다른 문화와 한 번도 접촉한 적이 없다면 가능할 것이다. 우리가 알고 있는 전통문화도 마찬가지이다. 전통이라고 알고 있었지만 시간을 거슬러 올라가면 결국 다른 문화권에서 들어온 문화일 수도 있고 기존에 있던 자신들의 문화에 다른 문화권의 문화가 융합되어 새롭게 창조된 문화일 수도 있다. 어쩌면 근대에 이르러 만들어진 문화일 수도 있다.

① 어느 한 민족이나 국가만의 고유한 문화는 존재하지 않는다.
② 다른 문화와 접촉하지 않고 고립되어 있으면 문화는 고유해진다.
③ 근대에는 다른 문화를 들여와 자기 문화로 만드는 풍토가 있었다.
④ 문화를 발전시키려면 다른 민족이나 국가의 문화와 접촉해야 한다.

---

11. 한옥
| 해설 | 더운 여름과 추운 겨울을 잘 지낼 수 있는 시설이 필요해서 한옥에 마루와 온돌을 설치했다. |
| 어휘 | 가옥, 사계절, 뚜렷하다, 시설, 필요하다, 설치하다, 나무판, 깔다, 사이, 띄우다, 통풍, 부엌, 불을 때다, 불기운, 전체 |

12. 전통문화
| 해설 | 우리가 알고 있는 전통문화는 다른 문화에서 들어왔거나 다른 문화와 융합되어 새롭게 창조되었거나 근대에 만들어진 문화일 수 있다. |
| 어휘 | 고유하다, 완벽히, 고립되다, 접촉하다, 마찬가지, 시간을 거스르다, 문화권, 기존, 융합, 창조되다, 어쩌면, 근대, 이르다 |

단어	영어	중국어	일본어	베트남어
문화·예술·스포츠	Culture·Art·Sports	文化·艺术·体育	文化·芸術·スポーツー	Văn hóa - Nghệ thuật - Thể thao
1 조선	Joseon Dynasty	朝鲜	朝鮮	thời Chô-sun
후기	the latter period	后期	後期	hậu kì, thời kì sau
풍속화	genre painting	风俗画	風俗画	tranh phong tục
발달하다	develop	发达、发展	発達する	phát triển
화가	artist, painter	画家	画家	họa sĩ
작품	work	作品	作品	tác phẩm
당시	at that time	当时	当時	thời kì đó
서민	ordinary people	庶民、平民	庶民	người dân thường
일상생활	everyday life	日常生活	日常生活	đời sống hàng ngày
정감	feeling, warmth	情感	情感	tình cảm, cảm xúc
양반	nobility	两班、贵族	両班	tầng lớp quý tộc, vua quan
등장	appearance	登场、出现	登場	sự xuất hiện
사회	society	社会	社会	xã hội
풍자하다	satirize	讽刺、挖苦	風刺する	trào phúng
2 아랍어	Arabic	阿拉伯语	アラブ語	tiếng Ả-rập
달	month	月亮	月	tháng
이슬람	Islam	伊斯兰	イスラム	Hồi giáo
성스럽다	be holy	神圣、圣洁	神聖だ	thiêng liêng, cao quý
행사	event	活动、庆典	行事	sự kiện, chương trình
무슬림	Muslim	穆斯林	ムスリム	người Hồi giáo
뜨다	rise	升、升起	昇る	mọc lên, nổi lên
지다	set, go down	落、落山	沈む	thua
금식	fast	禁食	断食	việc nhịn ăn
기도	prayer	祈祷	祈祷	sự cầu nguyện
잘못	mistake, fault	错、过错	過ち	lỗi sai
돌아보다	look back	回顾、省思	振り返る	nhìn lại
수유부	lactating women	哺乳期妇女	授乳婦	phụ nữ cho con bú
노약자	the elderly and the infirm	老弱者	高齢者	người già yếu
환자	patient	患者、病人	患者	bệnh nhân
추후	later	事后、过后	後日	sau này
채우다	fulfill, complete	填、补	満たす	lấp đầy
관례	convention	惯例	慣例	tiền lệ
교환	exchange	交换	交換	sự trao đổi
3 국가공인	state certified, state registered	国家公认	国家公認	sự công nhận/chứng nhận của quốc gia

	단어	영어	중국어	일본어	베트남어
	인증기관	certificate authority	认证机构	認証機関	cơ quan xác nhận
	무료	free	免费、无偿	無料	miễn phí
	체력	physical strength	体力、体能	体力	thể lực
	측정	measurement	测定	測定	sự đo đạc
	평가	evaluation	评价、评估	評価	sự đánh giá
	처방	prescription	处方、方案	処方	sự kê đơn thuốc
	사전	in advance	事前、事先	事前	từ điển
	접수	application	接受、受理	受付	sự tiếp nhận
	평가지	evaluation form	评价书	評価書	phiếu đánh giá
	인증서	certificate	认证书	認証書	giấy chứng nhận
	기념품	souvenir	纪念品	記念品	quà kỉ niệm, đồ lưu niệm
4	열리다	take place	开始、开幕	開かれる	được mở ra
	어김없다	do not fail to do	不例外、不失约、照常	変わりなく、必ず	không sai, không vi phạm
	국적	nationality	国籍	国籍	quốc tịch
	성별	gender	性别	性別	giới tính
	상관없다	regardless of	无关、没关系	関係ない	không liên quan
	진흙	mud	泥、黏土	泥	bùn, đất sét
	뒤집어쓰다	get covered with	蒙、涂、淋	かぶる	trùm, phủ kín
	즐기다	enjoy	享受	楽しむ	tận hưởng, thích thú
	체험	experience	体验	体験	sự trải nghiệm
	머드	mud	泥浆	マッド	bùn
	마사지	massage	按摩	マッサージ	mát-xa
	갯벌	mud flat	泥滩、滩涂	干潟	bãi bùn trên biển
	공군	Air Force	空军	空軍	không quân
	에어쇼	air show	飞行表演	航空ショー	sự trình diễn trên không
	버스킹 공연	buskiong, street performance	街头公演	ストリート・パフォーマンス	màn trình diễn Bus King
	콘서트	concert	音乐会、演唱会	コンサート	buổi hòa nhạc
	볼거리	attraction	热闹、看头	見どころ	những thứ để xem
	풍부하다	be abundant	丰富	豊富だ	phong phú
	열흘	ten days	十天	十日	mười ngày
	예정	schedule	预定	予定	sự dự định
5	인구주택 총 조사	Population and Housing Census	人口及住房普查	人口住宅総合調査	tổng điều tra về dân số và nhà ở
	성씨	family name	姓、姓氏	姓、名字	họ
	한자	Chinese character	汉字	漢字	chữ Hán, Hán tự
	존재하다	exist	存在	存在する	tồn tại
	기준	basis	基准、标准	基準	tiêu chuẩn

단어	영어	중국어	일본어	베트남어
귀화	naturalization	归化、加入国籍	帰化	sự nhập quốc tịch
6 민족	people	民族	民族	dân tộc
집단	group	集团	集団	tập thể, nhóm
우열	superiority and inferiority	优劣	優劣	sang hèn, cao thấp, trên dưới
연구하다	research	研究	研究する	nghiên cứu
문화 인류학자	cultural anthropologist	文化人类学者	文化人類学者	học giả về văn hóa nhân loại
올바르다	be correct	正确	正しい	chuẩn, đúng
이해하다	understand	理解	理解する	hiểu, thấu hiểu
자민족 중심주의	ethnocentrism	自民族中心主义	自民族中心主義	chủ nghĩa vị chủng, chủ nghĩa duy chủng tộc
벗어나다	get away from	脱离、摆脱	抜け出す	cởi bỏ, thoát ra
문화상대주의	cultural relativity	文化相对主义	文化相対主義	thuyết tương đối văn hóa
입장을 취하다	take a stand	持…立场	立場を取る	tạo lập trường
인정하다	accept	认定、肯定	認める	công nhận, thừa nhận
7 화폐	money	货币	貨幣	tiền tệ
인물	figure	人物	人物	nhân vật
건축물	building	建筑物	建物	tòa nhà
동식물	animals and plants	动植物	動植物	động thực vật
자연물	natural object	自然物、天然物	自然	sản phẩm thiên nhiên
악기	instrument	乐器	楽器	nhạc khí
연주하다	play	演奏	演奏する	trình diễn, chơi
전통	tradition	传统	伝統	truyền thống
지역민	local people	地区民众、当地居民	地域住民	người dân địa phương
평범하다	be normal	平凡	平凡だ	bình thường
모습	look	模样、样子	姿	hình ảnh, dáng vẻ
이밖에	besides	此外	この他	ngoài ra
폭포	waterfall	瀑布	滝	thác nước
다이아몬드	diamond	钻石	ダイアモンド	kim cương
광물	mineral	矿物	鉱物	khoáng vật
8 고위	high rank	高位、上层	高位	vị trí cao
관리	management	官吏	官吏	quản lí
초상화	portrait	肖像画	肖像画	tranh chân dung
양쪽	both side	两边	両方	hai phía
초점	focus	焦点	焦点	trọng điểm
사시	cross-eye	斜视	斜視	tật lác mắt
성품	character	品性、秉性	人品	phẩm chất, phẩm hạnh

Part 2 주제편

단어	영어	중국어	일본어	베트남어
결함	flaw	缺点、不足	欠陥	điểm thiếu sót
감추다	hide	藏、隐藏	隠す	che giấu
피부병	skin disease	皮肤病	皮膚病	bệnh về da
흔적	mark	痕迹	痕	dấu vết, chứng cứ, vết
멀리하다	stay away	避开、远离	避ける、遠ざける	cách ly, tránh xa
진솔함	sincerity	真诚、直率	正直	sự thẳng thắn
여기다	consider	认为、看成	考える	cho rằng, xem là
조상	ancestor	祖上、祖先	祖先	tổ tiên
정신	spirit	精神	精神	tinh thần
반영되다	be reflected	反映	反映される	được phản ánh
9 남북통일	the unification of North and South Korea	南北统一	南北統一	thống nhất Nam Bắc
농구팀	basketball team	篮球队	バスケットチーム	đội bóng rổ
구성되다	consist of	构成	構成される	được cấu thành, tạo thành
경기	game	竞技、比赛	競技	trận đấu
선수	player	选手	選手	tuyển thủ, vận động viên
경기장	stadium	竞技场、赛场	競技場	sân vận động
입장하다	enter	入场、进场	入場する	tiến vào
해외동포	overseas Koreans	海外同胞	海外同胞	kiều bào ở nước ngoài
관중	crowd	观众	観衆	khán giả, người xem
환호하다	cheer	欢呼	歓呼する	hoan hô, cổ vũ
실력	skill	实力	実力	khả năng, thực lực
겨루다	compete	较量、对决	競う	đọ sức, tranh tài
우정을 쌓다	build a friendship	建立友谊	友情を育む	xây dựng tình bạn
교류	exchange	交流	交流	sự giao lưu
확대하다	expand	扩大	拡大する	mở rộng, khuếch đại
화해하다	reconcile	和解、和好	和解する	hòa giải, làm lành
단합하다	unite	团结	団結する	đoàn kết, hòa hợp
기여하다	contribute	贡献	寄与する	đóng góp, góp phần
10 건국신화	the birth myth of a nation	建国神话	建国神話	truyện thần thoại dựng nước
영웅	hero	英雄	英雄	anh hùng
태생	birth	出生	生まれ	sự sinh ra
이	man	人	人、者	người
신	God	神	神	thần
경우	case	境遇、情况	場合	trường hợp, tình huống
태어나다	be born	出生	生まれる	sinh ra, ra đời

단어	영어	중국어	일본어	베트남어
혹은	or	或者	あるいは	hoặc là
솟다	rise, soar	冒出、涌出	湧く	mọc lên, vọt lên
백성	the people	百姓	民衆	bách tính
지배하다	rule	支配	支配する	thống trị
권위	authority	权威	権威	quyền uy
부여받다	be granted	被赋予	与えられる	được cấp, được trao
특별하다	special	特别	特別だ	đặc biệt
존재	existence	存在	存在	sự tồn tại
11 가옥	house	家屋	家屋	nhà cửa
사계절	four seasons	四季	四季	bốn mùa
뚜렷하다	be distinct	清楚、明显	はっきりする	rõ ràng, rõ rệt
시설	facility	设施	施設	trang thiết bị
필요하다	need	需要	必要だ	cần thiết
설치하다	install	设置	設置する	lắp đặt
나무판	wooden board	木板	木の板	tấm phản gỗ
깔다	lay	铺、铺设	敷く	trải, bày ra
사이	gap	之间	間	giữa
띄우다	leave space	隔开、分开	空ける	ngăn cách, ngắt quãng
통풍	ventilation	通风	通風	sự thông gió
부엌	kitchen	厨房、灶间	台所	bếp
불을 때다	stoke	生火、烧火	火を燃やす	châm lửa, đốt lửa
불기운	the force[spread] of the fire	火的热气	熱	sức nóng, hơi nóng của lửa
전체	whole	全体、整体	全体	toàn bộ
12 고유하다	be inherent	固有的	固有だ	đặc trưng, đặc thù
완벽히	perfectly	完美	完璧に	một cách hoàn hảo
고립되다	be isolated	被孤立	孤立する	bị cô lập
접촉하다	contact	接触	接触する	tiếp xúc
마찬가지	the same	一样、同样	同様	tương tự
시간을 거스르다	go back in time	时间逆转	時間をさかのぼる	quay ngược thời gian
문화권	culture	文化圈	文化圈	nền văn hóa
기존	existing	既存、现有	既存	vốn có, sẵn có
융합	fusion	融合	融合	sự dung hợp, sự hòa hợp
창조되다	be created	创造	創造される	được sáng tạo
어쩌면	perhaps	也许、可能	もしかすると	có khi, biết đâu
근대	modern times[era]	近代	近代	cận đại
이르다	reach	到、至	至る	đến

과학·심리 주제에서는 과학 상식, 과학 현상, 발명품, 동식물 등을 주제로 한 내용과 일상생활 속에서 작용하는 인간의 심리 등과 관련된 내용이 제시된다.

[1~4] 다음을 읽고 내용이 같은 것을 고르십시오.

1.   🕐 ____초

> 트라우마는 다른 말로 외상 후 스트레스 장애라고 한다. 외상은 생명을 위협할 정도로 충격이 큰 경험을 말하는데 이러한 외상을 겪은 사람 중 일부는 그 기억이 각인되어 영구적 정신장애로 남게 된다. 따라서 이들은 스트레스를 받았을 때의 기억을 쉽게 잊지 못하고 당시와 조금이라도 비슷한 환경에 놓이게 되면 높은 각성 상태로 고통을 받게 된다.

① 트라우마는 큰 충격을 경험한 후 생기는 정신장애이다.
② 외상 후 스트레스 장애는 생명에 위협이 되는 질병이다.
③ 트라우마의 증상을 치료하거나 완화할 방법은 현재 없다.
④ 충격이 큰 외상을 겪은 사람은 모두 정신장애를 갖게 된다.

2.   🕐 ____초

> 드론은 무선 전파로 조종할 수 있는 무인 항공기를 말한다. 처음에 드론은 군사용 무인 항공기로 개발되어 전쟁에서 공격용 무기로 사용하였다. 최근에는 고공 촬영과 배달 등으로 확대하여 사용될 뿐만 아니라 농약을 살포할 때, 공기의 질을 측정할 때, 개인의 취미용 등 다양하게 사용되고 있다. 이에 여러 대학에 드론 관련 학과가 생기기 시작했고 관련 자격증을 취득하려는 사람들도 늘고 있다.

① 드론은 현재 군사용으로 사용되지 않는다.
② 드론은 주로 전쟁을 할 때 공격용 무기로 사용된다.
③ 최근에는 드론의 사용이 다양한 방면으로 확대되었다.
④ 대학의 드론학과를 졸업하면 드론 자격증을 취득할 수 있다.

---

1. 트라우마

해설 큰 충격을 겪은 사람 중 일부는 기억이 영구적 정신장애로 남게 된다.

어휘 외상, 스트레스, 장애, 생명, 위협하다, 충격, 경험, 겪다, 기억, 각인되다, 영구적, 정신장애, 잊다, 비슷하다, 각성, 고통

2. 드론

해설 최근에는 고공 촬영, 배달, 농약 살포, 공기 질 측정, 개인의 취미 등 다양하게 사용되고 있다.

어휘 무선, 전파, 조종하다, 무인, 항공기, 군사용, 개발되다, 전쟁, 공격용, 무기, 고공 촬영, 배달, 농약, 살포하다, 질, 측정하다, 학과, 자격증, 취득하다

3.

🕐 ____초

생태계를 교란하는 생물을 생태계 교란 생물이라고 한다. 이 생물들은 외국에서 들어온 것으로 우리의 토종 생태계의 균형을 깨뜨린다. 생태계 교란 생물로는 황소개구리, 뉴트리아, 큰입베스, 돼지풀 등이 있다. 이 생물들은 번식력이 강할 뿐만 아니라 이들 생물을 먹는 천적이 없기 때문에 개체 수가 기하급수적으로 증가하게 된다. 또한 자신들의 서식지를 넓히고 기존의 토종 생물을 잡아먹으면서 토종 생물이 살기 힘든 환경으로 만들어 버린다.

① 생태계 교란 생물 중에는 토종 생물인 것도 있다.

② 생태계 교란 생물은 기존의 생태계에 악영향을 준다.

③ 생태계 교란 생물은 새로운 환경에 잘 적응하지 못한다.

④ 생태계 교란 생물은 천적을 잡아먹기 때문에 증가 속도가 빠르다.

4.

🕐 ____초

아침잠을 깨워서 하루를 시작할 수 있게 도와주는 고마운 기계가 있다. 바로 알람시계이다. 그런데 이 알람시계가 600년 전 조선시대에도 있었다고 한다. 조선의 알람시계는 물을 이용한 물시계였다. 일정 시간 동안 동일한 양의 물이 수직 모양의 관에 모이면 관에 있던 나무 막대가 떠오르게 되고, 이 막대가 떠오르면서 쇠구슬을 건드리게 된다. 그러면 이 구슬이 알림 장치로 굴러가 인형이 종을 쳐서 소리로 시간을 알리게 된다. 이 시계는 자동으로 종을 쳐서 시간을 알린다 하여 자격루라고 불렀다.

① 자격루는 세계 최초의 알람시계이다.

② 자격루는 아침잠을 깨울 때 사용했다.

③ 자격루는 쇠구슬이 종을 쳐서 시간을 알린다.

④ 자격루는 막대가 물에 뜨는 원리를 이용했다.

3. 생태계 교란 생물

해설 생태계 교란 생물은 기존 생태계의 균형을 깨고 토종 생물이 살기 힘든 환경을 만든다.

어휘 교란, 토종, 균형, 깨뜨리다, 번식력, 천적, 개체 수, 기하급수적, 서식지

4. 조선의 알람시계

해설 물이 관에 모이면 막대가 떠올라 쇠구슬을 건드린다. 그후 구슬이 굴러가 인형이 종을 쳐서 시간을 알린다.

어휘 깨우다, 하루, 기계, 알람시계, 물시계, 일정 시간, 동일하다, 양, 수직, 모양, 관, 모이다, 막대, 떠오르다, 쇠구슬, 건드리다, 알림, 장치, 구르다, 인형, 종을 치다, 알리다, 자동

5~8 다음을 읽고 (   )에 들어갈 내용으로 가장 알맞은 것을 고르십시오.

5.   🕐 ____초

> 위대한 발명품 중에는 우연한 실수에서 비롯된 것이 꽤 있다. 그런데 이러한 실수가 발명으로 이어질 수 있었던 것은 (   ). 찰스 굿이어는 고무 실험을 하다가 실수로 고무를 난로에 떨어뜨렸는데 그 고무가 녹지 않았다. 굿이어는 여기에서 힌트를 얻어 더운 날씨에도 녹지 않는 고무를 개발하였다. 오늘날 옷감의 재료로 널리 쓰이는 나일론, 메모지로 쓰는 포스트잇, 그리고 전자레인지도 실수에서 나온 발명품이다.

① 실수를 반복하지 않았기 때문이다
② 실수를 해도 괜찮다고 생각했기 때문이다
③ 작은 실수를 그냥 지나치지 않았기 때문이다
④ 실수는 발명에서 꼭 필요한 과정이었기 때문이다

6.   🕐 ____초

> 식품의 생산성과 품질을 높이기 위해 유전자를 재조합하여 만든 식품을 유전자 변형 식품(GMO 식품)이라고 말한다. 1995년에 미국 몬산토 사가 최초로 병충해에 강한 유전자 변형 콩을 만들어 수확량을 크게 늘렸다. 현재 전 세계적으로 유통되는 유전자 변형 식품은 콩, 옥수수, 감자 등 50여 개 품목이다. 유전자 변형 식품은 많은 양을 수확할 수 있어서 (   ) 장점이 있으나 장기간 섭취해도 안전한지에 대한 여부는 아직 알 수 없다. 생태계 교란으로 인한 환경 파괴 문제 등도 우려되는 부분이다.

① 성장 기간이 짧다는
② 장기간 보관이 가능하다는
③ 식량난을 해결할 수 있다는
④ 인체에 유익한 영양성분이 많다는

---

5. 실수와 발명

해설 실수로 떨어뜨린 고무에서 힌트를 얻어 녹지 않는 고무를 개발했다.

어휘 위대하다, 발명품, 우연, 실수, 비롯되다, 꽤, 이어지다, 고무, 난로, 떨어뜨리다, 힌트, 옷감, 재료, 널리, 쓰이다, 나일론, 메모지, 포스트잇, 전자레인지

6. 유전자 변형 식품

해설 식품의 수확량이 늘면 식량난 해결에 도움이 된다.

어휘 식품, 생산성, 품질, 유전자, 재조합, 변형, 최초, 병충해, 콩, 수확량, 늘리다, 유통되다, 옥수수, 감자, 품목, 장점, 장기간, 섭취하다, 안전하다, 여부, 우려되다

7. ⏱ _____초

> 지구에서는 중력의 영향으로 모든 물건이 아래로 떨어진다. 만약 중력의 힘이 작용하지 않는 무중력 상태가 된다면 우리 몸에는 ( ). 사람의 내장은 위로 올라붙어 허리가 가늘어지고 관절을 누르던 힘이 없어지므로 키가 커진다. 혈액은 머리 쪽으로 몰리기 때문에 얼굴이 부어서 커지고 다리는 날씬해지며 시각과 균형 감각이 맞지 않아 멀미를 할 수도 있다.

① 큰 문제가 발생한다

② 질병이 발생하게 된다

③ 이상 신호가 나타난다

④ 신기한 현상이 나타나게 된다

8. ⏱ _____초

> 사과나 배를 깎아서 상온에 그대로 두면 과일의 색이 서서히 갈색으로 변하는데 이것을 갈변현상이라고 한다. 갈변현상은 과일의 과당이 산소와 결합하면서 산화되어 일어난다. 갈변현상이 일어난 과일이 몸에 해롭거나 한 것은 아니지만 색깔 때문에 먹기는 꺼려진다. ( ) 과일을 설탕물이나 소금물에 담가 공기를 차단하면 된다.

① 과일의 색깔을 바꾸려면

② 과일의 맛을 좋게 하려면

③ 과일을 신선하게 보관하려면

④ 과일의 갈변현상을 막으려면

7. 무중력

해설 허리가 가늘어지고 키가 커지며 얼굴이 부어서 커지는 것 등은 신기한 현상이다.

어휘 중력, 만약, 힘, 작용하다, 무중력, 내장, 올라붙다, 허리, 가늘어지다, 관절, 누르다, 혈액, 몰리다, 붓다, 날씬해지다, 시각, 균형 감각, 멀미

8. 갈변현상

해설 공기를 차단하는 것은 갈변현상을 막기 위한 것이다.

어휘 배, 깎다, 상온, 그대로, 두다, 서서히, 과당, 결합하다, 산화되다, 일어나다, 몸, 해롭다, 꺼려지다, 설탕물, 소금물, 담그다, 차단하다

9.   🕐 _____초

> 　개구리, 뱀, 곰과 같은 동물들은 겨울잠을 잔다. 그런데 이 동물들이 겨울잠을 자는 이유는 다르다. 양서류와 파충류는 기온이 떨어지면 체온도 떨어지기 때문에 체온이 더 떨어지는 것을 막기 위해 땅속으로 들어가 겨울잠을 잔다. 그러나 곰은 포유류로 체온을 유지할 수 있다. 그리고 두꺼운 털도 있어서 추위에 강한 편이라 추위 때문에 겨울잠을 자지는 않는다. 곰은 겨울이 되면 먹이가 부족해져서 겨울잠을 잔다. 그래서 먹이가 풍부한 동물원의 곰은 겨울잠을 자지 않는 것이다.

① 겨울잠과 체온의 관계
② 양서류와 포유류의 차이점
③ 동물들이 겨울잠을 자는 까닭
④ 겨울잠을 자는 동물과 아닌 동물의 분류

10.   🕐 _____초

> 　계절의 변화가 일어나는 이유를 지구와 태양의 거리가 가까웠다 멀었다 하기 때문이라고 생각하는 사람들이 있다. 그러나 그 거리의 차이는 지구와 태양의 거리에 비하면 3% 정도밖에 되지 않기 때문에 지구 기후에 영향을 줄 정도는 아니다. 지구는 자전축이 23.5° 기울어져 있어서 1년 동안 태양의 고도가 달라진다. 태양의 고도가 높으면 태양에너지를 많이 받기 때문에 더운 여름이 되고 반대의 상황에서는 겨울이 되는 것이다.

① 계절의 변화가 생기는 원인
② 태양의 고도가 달라지는 현상
③ 계절에 따른 태양에너지의 차이
④ 태양의 거리와 태양에너지의 관계

---

9. 겨울잠
[해설] 동물들이 겨울잠을 자는 이유가 다르다.
[어휘] 개구리, 뱀, 곰, 겨울잠, 양서류, 파충류, 체온, 막다, 땅, 포유류, 유지하다, 두껍다, 털, 추위, 먹이, 부족하다

10. 계절의 변화
[해설] 태양의 고도에 따라 여름이나 겨울이 된다. 즉 계절이 변한다.
[어휘] 변화, 태양, 차이, 기후, 자전축, 기울어지다, 고도, 에너지, 상황

　　과거에 살았던 식물이나 동물이 암석이나 지층 속에 남아 있는 것을 화석이라고 한다. 화석을 관찰하면 과거 생물이 살았던 시대의 모습을 알 수 있다. 만약 어떤 지역에서 조개 화석이 많이 발견되었다면 그 지역은 과거에 물속이었거나 물가였다는 것을 알 수 있고, 고사리 화석이 많이 발견되었다면 그 지역이 과거에 따뜻하고 습한 기후였다는 것을 알 수 있다.

① 화석을 통해 과거의 모습을 알 수 있다.
② 화석을 발견하려면 지층을 관찰하는 것이 좋다.
③ 동물과 식물이 죽어서 땅에 묻히면 화석이 된다.
④ 과거의 모습을 알고 싶으면 화석을 이용해야 한다.

　　소음은 시끄러운 소리를 말한다. 보통 소음이라고 하면 불쾌감을 주고 집중력을 떨어뜨리는 부정적인 이미지를 떠올린다. 그러나 우리에게 도움이 되는 좋은 소음도 있다. 이를 백색소음이라고 한다. 백색소음에는 비 오는 소리, 파도치는 소리, 시냇물 소리, 나뭇가지에 바람이 스치는 소리 등이 있다. 백색소음은 심리적으로 안정감을 갖게 해 준다. 한 실험에 의하면 백색소음이 학습 효과를 개선해 주고 업무의 집중력도 높여 주었다고 한다.

① 백색소음은 우리에게 도움을 주는 좋은 소음이다.
② 소음은 '시끄럽다'는 부정적인 이미지를 벗어야 한다.
③ 소음은 학습 효과를 개선하고 업무의 집중력을 높여 준다.
④ 심리적으로 안정되지 않을 때는 백색소음을 이용하면 좋다.

---

11. 화석
해설 화석을 관찰하면 과거 시대의 모습을 알 수 있다.
어휘 과거, 암석, 지층, 화석, 조개, 물가, 고사리, 습하다

12. 백색소음
해설 우리에게 도움이 주는 좋은 소음이 있다. 백색소음이 그러하다.
어휘 시끄럽다, 불쾌감, 집중력, 부정적, 이미지, 떠올리다, 백색소음, 파도치다, 시냇물, 나뭇가지, 스치다, 심리적, 안정감, 갖다, 개선하다, 업무

단어	영어	중국어	일본어	베트남어
과학·심리	Science·Psychology	科学·心理	科学·心理	Khoa học - tâm lí
1 외상	physical injury	外伤、体表创伤	外傷	vết thương ngoài da
스트레스	stress	压力	ストレス	áp lực, xì-trét
장애	disorder	障碍	障害	sự cản trở, chướng ngại
생명	life	生命	生命	sinh mệnh, mạng sống
위협하다	threaten	威胁	脅かす	uy hiếp
충격	shock	冲击、刺激	衝撃	cú sốc
경험	experience	经验	経験	kinh nghiệm
겪다	suffer	经历、经受	受ける、経験する	trải qua
기억	memory	记忆	記憶	kí ức
각인되다	be stamped	铭记、铭刻	刻み込まれる	được ghi khắc, ghi tâm
영구적	permanent	永久的、永远的	永久の	mang tính vĩnh cửu, vĩnh hằng
정신장애	mental disorder	精神障碍	精神障害	người thiểu năng về trí tuệ
잊다	forget	忘记、遗忘	忘れる	quên
비슷하다	be similar	差不多、类似	似ている	tương tự
각성	awakeness	觉醒、醒悟	覚醒	sự thức tỉnh, sự đánh thức
고통	pain	痛苦	苦痛	sự đau khổ, nỗi thống khổ
2 무선	wireless	无线	無線	không dây
전파	radio wave	电波	電波	sự truyền bá, sự lan truyền
조종하다	control	操纵	操縦する	điều khiển
무인	pilotless	无人	無人	không người
항공기	aircraft	飞机	航空機	máy bay
군사용	military	军用	軍事用	dùng trong quân sự
개발되다	be developed	开发、研发	開発される	được nghiên cứu, phát triển
전쟁	war	战争	戦争	chiến tranh
공격용	offensive	攻击性	攻撃用	dùng để công kích
무기	weapon	武器	武器	vũ khí
고공	high altitude	高空	高空	trên cao, trên không trung
촬영	shooting	摄影、拍摄	撮影	việc chụp, quay
배달	delivery	配送	配達	sự vận chuyển
농약	pesticide	农药	農薬	nông dược
살포하다	spray	喷洒	散布する	phun, rắc
질	quality	质量	質	chất lượng

단어	영어	중국어	일본어	베트남어
측정하다	measure	測定、測量	測定する	đo, đo đạc
학과	department	学科、专业	学科	khoa
자격증	certificate	资格证	資格	giấy chứng nhận
취득하다	acquire	取得、获得	取得する	đạt được
교란	disturbing	扰乱、干扰	攪乱	sự rối loạn, sự kích động
토종	native species	本地物种	在来種	người bản địa
균형	balance	均衡	均衡	sự cân bằng
깨뜨리다	break	打破、破坏	くずす、破る	làm vỡ, phá vỡ
번식력	reproductive rate	繁殖力	繁殖力	khả năng sinh sôi, sinh sản
천적	natural enemy	天敌	天敵	kẻ thù tự nhiên
개체 수	population	数量	個体数	số lượng cá thể
기하급수적	exponentially	几何倍数	幾何級数的	mang tính cấp số nhân
서식지	habitat	栖息地	生息地	nơi sinh sống, nơi cư trú
깨우다	wake up	醒、醒来	覚ます	đánh thức
하루	day	一天	一日	một ngày
기계	machine	机器	機械	máy móc
알람시계	alarm clock	闹钟	アラーム時計	đồng hồ báo thức
물시계	water clock	水钟、滴漏	水時計	đồng hồ nước
일정 시간	a certain time	一定时间	一定時間	thời gian cố định
동일하다	be the same	相同、同一	同一だ	đồng nhất, giống nhau
양	amount	量	量	lượng
수직	perpendicular	垂直	垂直	sự thẳng đứng, sự vuông góc
모양	shape	模样、样子	形	hình dáng
관	tube	管子	管、パイプ	ống
모이다	gather	汇集	たまる、集まる	tập hợp, gom lại
막대	rod	竿子、棍子	棒	gậy, que
떠오르다	float	浮上来	持ち上がる、浮かび上がる	mọc lên, nổi lên
쇠구슬	iron ball	钢珠	鉄の玉	bi sắt
건드리다	touch	触、碰	動かす、いじる	chạm, đụng
알림	notification	提醒、通知	お知らせ	thông báo
장치	device	装置	装置	thiết bị
구르다	roll	滚、滚动	転がる	lăn, cuộn tròn
인형	doll	木偶	人形	hình nộm
종을 치다	strike a bell	撞钟	鐘をつく	đánh chuông
알리다	inform	告知	知らせる	cho biết, thông báo

Part 2

주제편

단어	영어	중국어	일본어	베트남어
자동	automatically	自动	自動	sự tự động
5 위대하다	be great	伟大	偉大だ	vĩ đại, to lớn
발명품	invention	发明	発明品	sản phẩm phát minh
우연	accident	偶然	偶然	sự ngẫu nhiên, sự tình cờ
실수	mistake	失误	失敗	lỗi sai, sai lầm
비롯되다	start with	源于、出于	はじまる	được bắt nguồn, được khởi đầu
꽤	fairly	相当、很	かなり	khá, tương đối
이어지다	result in	连接	つながる	được tiếp nối
고무	rubber	橡胶	ゴム	cao su
난로	heater	暖炉、火炉	暖炉、ストーブ	lò sưởi
떨어뜨리다	drop	掉落	落とす	đánh rơi, làm rơi
힌트	hint	提示、暗示	ヒント	sự gợi ý, sự ám chỉ
옷감	cloth	衣料、布料	服地	vải
재료	material	材料、原料	材料	nguyên liệu
널리	widely	广泛	広く	một cách rộng rãi
쓰이다	be used	使用、利用	使われる	được sử dụng
나일론	nylon	尼龙、锦纶	ナイロン	sợi ni-lông
메모지	notepad	便条、便签	メモ用紙	giấy nhớ
포스트잇	post-it	便条帖	ポストイット	giấy nhớ để dán
전자레인지	microwave	微波炉	電子レンジ	lò vi sóng
6 식품	food	食品	食品	thực phẩm
생산성	productivity	生产率、生产效益	生産性	năng suất
품질	quality	品质	品質	chất lượng
유전자	gene	遗传基因	遺伝子	gen di truyền
재조합	recombination	重组、再组合	再構成	tái tổ hợp
변형	transform	变形	組み換え、変形	sự biến hình, sự biến đổi
최초	first	最初、最早	最初	đầu tiên
병충해	insect, pest	病虫害	病虫害	thiệt hại do sâu bệnh
콩	bean	大豆、黄豆	大豆、豆	đậu
수확량	harvest	产量、收获量	収穫量	lượng thu hoạch
늘리다	increase	增加、增长	増やす	làm tăng lên
유통되다	circulate	流通	流通する	được lưu thông
옥수수	corn	玉米	トウモロコシ	ngô
감자	potato	土豆	ジャガイモ	khoai tây
품목	item	品目、品种	品目	danh mục, hạng mục
장점	advantage	长处、优势	長所	ưu điểm

단어	영어	중국어	일본어	베트남어
장기간	long term	长期、长时间	長期間	trường kì, thời gian dài
섭취하다	intake	摄取、吸收	摂取する	hấp thụ
안전하다	be safe	安全	安全だ	an toàn
여부	whether	与否、是否	可否	có hay không
우려되다	be concerned	忧虑、担忧	憂慮される	bị lo ngại
7 중력	gravity	重力	重力	trọng lực
만약	if	如果	もし	nếu, nếu như
힘	power	力、力量	力	sức mạnh
작용하다	apply	作用、影响	作用する	áp dụng, ứng dụng
무중력	zero gravity	失重、无重力	無重力	không có trọng lực
내장	intestines	内脏	内臓	nội tạng
올라붙다	go up	紧贴、贴上去	持ち上がる	chạm tới đỉnh
허리	waist	腰	腰	eo
가늘어지다	get slime	变细	細くなる	trở nên nhỏ, mảnh mai
관절	joint	关节	関節	khớp xương
누르다	press down	按、抑制	抑える、押す	ấn, nhấn
혈액	blood	血、血液	血液	máu, huyết
몰리다	rush	聚集	集まる	bị dồn, bị nén
붓다	swell	肿、变肿	はれる	sưng
날씬해지다	get thinner	变苗条	スマートになる	trở nên mảnh mai, gầy hơn
시각	sight	视觉	視覚	thời khắc
균형 감각	a sense of balance	平衡感	バランス感覚	cảm giác cân bằng
멀미	motion sickness	晕	乗り物酔い	chứng say (tàu xe)
8 배	pear	梨	梨	bụng
깎다	peel	削	むく	cắt
상온	room temperature	常温	常温	nhiệt độ trung bình, nhiệt độ bình thường
그대로	as it is	就那么、就那样	そのまま	y vậy, y nguyên
두다	put	放、置	置く	đặt, để
서서히	slowly	慢慢	だんだん	từ từ, chậm chậm
과당	fruit sugar	果糖	果糖	lượng đường trong trái cây
결합하다	combine	结合	結合する	kết hợp, hợp nhất
산화되다	be oxidized	氧化	酸化する	được ô-xy hóa
일어나다	occur	发生、出现	起きる	thức dậy
몸	body	身体	体	cơ thể
해롭다	be harmful	有害、危害	害がある	làm hại

Part 2

주제편

	단어	영어	중국어	일본어	베트남어
	꺼려지다	reluctant	不愿意	はばかられる	ngại, e ngại
	설탕물	sugar water	白糖水	砂糖水	nước đường
	소금물	salt water	盐水	塩水	nước muối
	담그다	dip	腌、泡、渍	漬ける	ngâm, muối
	차단하다	block	阻断、切断	遮断する	chặn, ngắt
9	개구리	frog	青蛙	カエル	con ếch
	뱀	snake	蛇	ヘビ	con rắn
	곰	bear	熊	クマ	con gấu
	겨울잠	hibernation	冬眠	冬眠	giấc ngủ đông
	양서류	amphibian	两栖类	両生類	loài lưỡng cư
	파충류	reptile	爬虫类	爬虫類	loài bò sát
	체온	temperature	体温	体温	nhiệt độ cơ thể
	막다	block	防止、阻拦	ふせぐ、ふさぐ	chặn, che chắn
	땅	land	土地	土、土地	đất
	포유류	mammal	哺乳类	哺乳類	động vật có vú
	유지하다	maintain	维持、保持	維持する	duy trì
	두껍다	be thick	厚	厚い	dày, dày dặn
	털	hair	毛	毛	lông
	추위	cold	冷、寒冷	寒さ	cái lạnh
	먹이	feed	粮食、饲料	エサ	mồi, đồ ăn
	부족하다	lack	不足、缺乏	不足する	thiếu, thiếu sót
10	변화	change	变化	変化	sự thay đổi
	태양	sun	太阳	太陽	mặt trời
	차이	difference	差异	違い	sự khác biệt
	기후	climate	气候	気候	khí hậu
	자전축	axis of rotation	自转轴	自転軸	độ nghiêng trục quay
	기울어지다	tilt	倾、斜、偏	傾く	nghiêng, lệch, dốc
	고도	altitude	高度	高度	độ cao
	에너지	energy	能量	エネルギー	năng lượng
	상황	situation	状况、情况	状況	tình huống
11	과거	past	过去	過去	quá khứ
	암석	rock	岩石	岩石	tảng đá
	지층	stratum	地层	地層	lớp địa tầng
	화석	fossil	化石	化石	sự hóa thạch
	조개	clam	贝	貝	con sò
	물가	waterside	水边、岸边	水辺	bờ nước, mép nước
	고사리	bracken	蕨菜	ワラビ	cây dương xỉ

단어	영어	중국어	일본어	베트남어
습하다	be humid	湿、潮湿	湿気の多い	ẩm ướt, ẩm thấp
12 시끄럽다	be noisy	嘈杂、吵闹	うるさい	ồn ào, ầm ĩ
불쾌감	displeasure	不快感	不快感	cảm giác khó chịu
집중력	concentration	集中力	集中力	khả năng tập trung
부정적	negative	否定的	否定的	mang tính tiêu cực
이미지	image	印象	イメージ	hình ảnh
떠올리다	recall	想起、记起	思い浮かべる	gợi nhớ, làm hiện lên
백색소음	white noise	白色噪音	ホワイトノイズ	tiếng ồn vô hại
파도치다	wave	起浪、泛波浪	波打つ	sóng vỗ, sóng gợn
시냇물	stream	溪水、溪流	小川	nước suối
나뭇가지	branch	树枝、枝条	木の枝	cành cây
스치다	graze, brush	吹拂、掠过	渡る、かすめる	sượt qua, lướt qua
심리적	psychological	心理的	心理的	mang tính tâm lí
안정감	a sense of stability	安定感	安定感	cảm giác ổn định
갖다	have	有、具有	持つ	có, mang
개선하다	improve	改善、改进	改善する	cải tiến, cải thiện
업무	task	业务、工作	業務	nhiệm vụ

[1~4] 다음을 읽고 내용이 같은 것을 고르십시오.

1.   🕐 ___초

> 꽃가루 알레르기는 여름철 감기와 증상이 비슷해서 감기로 오해하기 쉽다. 감기는 재채기, 콧물, 코막힘 등의 증상이 순차적으로 나타나는 데에 비해 꽃가루 알레르기는 이런 증상이 동시에 나타난다. 또한 코감기는 노란색의 끈적이는 분비물이 나오지만 꽃가루 알레르기는 맑은 콧물이 나온다는 점에서 다르다.

① 꽃가루 알레르기 증상에 감기약을 먹어도 된다.
② 코감기는 노란색 분비물과 맑은 콧물이 나온다.
③ 감기는 재채기, 콧물, 코막힘이 동시에 나타난다.
④ 꽃가루 알레르기와 여름철 감기는 증상이 다르다.

2.   🕐 ___초

> 블랙아웃은 과음을 한 후 일정 시간 동안 있었던 일을 기억해 내지 못하는 현상을 말한다. 만약 음주 시 반복적으로 블랙아웃 현상이 나타난다면 알코올에 의한 뇌 손상을 의심해 볼 수 있다. 알코올은 마취제나 수면제와 같은 중추신경 억제제로 작용하여 뇌에 손상을 준다. 알코올로 손상된 뇌는 100% 회복될 수 없고 음주가 지속될 경우 치매 발생률이 높아진다. 따라서 블랙아웃 현상을 자주 경험하게 되면 음주를 중단하고 뇌의 기능에 도움이 되는 약을 처방받아 꾸준히 복용하는 것이 좋다.

① 음주 횟수를 줄이면 치매가 예방된다.
② 알코올은 마취제나 수면제와 같은 작용을 한다.
③ 과하지만 않다면 적당한 음주는 뇌 건강에 좋다.
④ 블랙아웃은 알코올성 치매에 걸렸을 때 나타난다.

---

1. 꽃가루 알레르기
해설 꽃가루 알레르기와 여름철 감기는 증상이 비슷하지만 다르다.
어휘 꽃가루 알레르기, 증상, 오해하다, 재채기, 콧물, 코막힘, 순차적, 동시, 끈적이다, 분비물

2. 블랙아웃
해설 알코올은 마취제나 수면제와 같은 중추신경 억제제로 작용한다.
어휘 과음, 음주, 반복적, 알코올, 뇌 손상, 의심하다, 마취제, 수면제, 중추신경, 억제제, 회복되다, 지속되다, 치매, 발생률, 중단하다, 처방받다, 꾸준하다, 복용하다

3.

낮잠은 업무 집중력과 업무 수행 능력을 높여 주고 기분 향상에 도움을 준다. 그러나 잠이 깼어도 자꾸만 자고 싶어지는 수면 관성 효과를 일으키거나 밤에 잠을 못 이루는 불면증을 유발하는 등 부작용을 낳기도 한다. 낮잠의 부작용을 줄이고 효과를 보기 위해서는 규칙적으로 낮잠을 자야 한다. 이때 시간은 정오에서 오후 4시 사이가 가장 좋으며 20~40분 정도면 부작용 없이 상쾌한 기분을 유지하며 하루를 보낼 수 있다고 한다.

① 낮잠은 20~40분 정도 자는 것이 좋다.

② 낮잠은 오후 4시 이후 자는 것이 좋다.

③ 밤에 잠을 많이 자면 낮잠을 잘 수 없다.

④ 낮잠이 부족해지면 수면 관성 효과가 생긴다.

4.

개도 혈액형이 있다. 그러나 개의 혈액형은 인간처럼 A, B, AB, O형이 아닌 DEA(Dog Erythrocyte Antigen)로 표현하며 DEA1.1, DEA1.2 등 8가지로 구분한다. 개는 혈액 속에 동종 항체가 없기 때문에 처음 수혈받을 때 같은 혈액형이 아니어도 부작용이 생기는 경우가 적다. 그러나 한 번 수혈을 받은 뒤에는 항체가 생긴다. 두 번째부터는 항체 반응이 일어나 사망할 수 있으므로 조심해야 한다.

① 개는 혈액 속에 동종 항체가 없다.

② 개는 두 번까지 수혈을 받을 수 있다.

③ 개와 인간의 혈액형은 모두 8가지이다.

④ 개에게 다른 혈액형을 수혈해도 부작용이 없다.

Part 2 | 주제편

---

3. 낮잠

해설 낮잠을 20~40분 정도 자면 부작용 없이 상쾌한 기분을 유지할 수 있다.

어휘 낮잠, 수행 능력, 향상, 자꾸만, 수면 관성 효과, 불면증, 규칙적, 정오, 상쾌하다

4. 동물 혈액형

해설 개는 혈액 속에 동종 항체가 없다.

어휘 혈액형, 표현하다, 구분하다, 동종, 항체, 수혈, 부작용, 항체반응, 사망, 조심하다

5~8 다음을 읽고 ( )에 들어갈 내용으로 가장 알맞은 것을 고르십시오.

5.   🕐 ____초

> 날이 따뜻해지고 나들이객이 많아지면서 야생 진드기에 물려 숨지는 환자가 발생하고 있다. 야생 진드기는 풀 끝에 매달려 있다가 지나가는 사람이나 동물에 달라붙어 피를 빤다. 이때 마취 성분과 피가 굳지 않게 하는 항응고제와 함께 진드기에게 있던 SFTS 바이러스가 사람이나 동물에게 전해지게 된다. SFTS 바이러스는 예방백신과 치료제가 없다. 따라서 전문가들은 진드기 활동이 활발한 4~6월에 (   ) 한다고 말한다.

① 진드기 박멸 작업을 해야
② 집 밖으로 외출을 하지 말아야
③ 진드기 예방약을 가지고 다녀야
④ 진드기에 물리지 않도록 조심해야

6.   🕐 ____초

> 과일과 채소는 상큼한 맛으로 우리의 입을 즐겁게 해 주고 알록달록한 색으로 우리의 눈을 즐겁게 해 준다. 그런데 과일과 채소의 다양한 색깔은 단순히 우리의 눈만 즐겁게 해 주는 것이 아니다. 과일과 채소의 각 색깔에는 들어 있는 영양소가 달라 우리가 먹었을 때 우리 몸에서 하는 역할도 달라진다. 따라서 과일과 채소를 먹을 때는 (   ) 다양한 색깔로 골고루 먹는 것이 좋다.

① 눈을 고려하여
② 맛을 고려하여
③ 영양을 고려하여
④ 즐거움을 고려하여

---

5. 야생 진드기
해설 SFTS 바이러스는 예방백신과 치료제가 없으므로 야생 진드기에 물리지 않도록 조심해야 한다.
어휘 나들이객, 야생, 진드기, 물리다, 숨지다, 매달리다, 지나가다, 달라붙다, 피, 빨다, 마취 성분, 굳다, 항응고제, 바이러스, 전해지다, 예방백신, 치료제, 전문가, 활발하다

6. 컬러푸드
해설 과일과 채소의 색깔에 들어 있는 영양소가 다르므로 먹을 때는 영양을 고려하여 먹어야 한다.
어휘 상큼하다, 알록달록, 단순히, 영양소, 역할, 골고루

　　대장암은 한국인의 암 사망원인 3위이면서 국내에서 두 번째로 많이 발생하는 암이다. 우리 식탁에 기름진 음식이 증가하고 현대인의 신체 활동이 부족해지면서 대장암 발병률과 사망률은 꾸준히 증가하고 있다. 그런데 대장암의 80%는 진행 속도가 느리기 때문에 (　　　　　　　　　) 치료 효과가 좋다고 한다. 따라서 특별한 증상이 없다 하더라도 정기적으로 병원을 방문하여 조기 검진을 한다면 대장암으로 인한 사망의 공포에서 벗어날 수 있을 것이다.

① 조기에 발견하면
② 신체 활동을 늘리면
③ 약을 꾸준히 먹으면
④ 기름진 음식을 멀리하면

　　바이러스가 우리 몸에 들어오면 우리 몸의 면역 세포들은 바이러스와 싸우게 된다. 이때 우리 몸에는 열이 나고 목이 마르며 기침이나 설사를 하는 등 다양한 증상이 나타나게 된다. 심하게 앓고 난 후에 목이 마른 이유는 백혈구가 바이러스와 싸울 때 만들어진 활성 산소를 배출시키려면 수분이 필요하기 때문이다. 활성 산소는 독성물질이기 때문에 (　　　　　　　　　). 그러므로 바이러스로 인해 열이 날 때에는 물을 충분히 마시는 것이 좋다.

① 목이 마르지 않게 해야 한다
② 독성을 없애는 약을 먹어야 한다
③ 물을 마셔서 몸 밖으로 내보내야 한다
④ 백혈구가 잘 싸울 수 있는 환경을 만들어야 한다

Part 2

주제편

---

7. 대장암

해설 대장암은 진행 속도가 느리다. 그리고 조기 검진하면 대장암으로 인한 사망의 공포에서 벗어날 수 있다.

어휘 대장암, 식탁, 기름지다, 신체 활동, 발병률, 사망률, 치료 효과, 방문, 조기 검진, 공포

8. 바이러스와 물

해설 활성 산소를 배출시키려면 수분이 필요하다. 물을 마셔서 몸 밖으로 내보내야 한다.

어휘 면역 세포, 목이 마르다, 기침, 설사, 앓다, 백혈구, 활성 산소, 배출, 수분, 독성물질, 충분히

9~12 다음 글의 주제로 가장 알맞은 것을 고르십시오.

9.   🕐 ____초

예일대 브라이언 숄은 다양한 연령의 사람들에게 여러 주파수의 소리를 들려 주는 방법으로 청각과 나이에 관한 흥미로운 실험을 실시하였다. 8,000hertz(헤르츠)의 소리는 전 연령의 사람들이 들을 수 있었지만 10,000hertz는 60대 이상의 사람들은 듣지 못했고 14,000hertz는 40대가 듣지 못하였다. 16,000hertz에 이르러서는 모든 성인이 듣지 못하였는데 이를 통해 나이가 어릴수록 높은 주파수를 잘 들을 수 있다는 것이 증명되었다. 나이가 들면 귓속의 모세포가 서서히 파괴되기 때문에 높은 주파수를 못 듣게 되는 것이다.

① 나이가 많으면 낮은 주파수를 잘 듣는다.
② 나이가 들수록 높은 주파수를 못 듣게 된다.
③ 나이가 들면 귓속의 모세포가 파괴되어 소리를 못 듣는다.
④ 나이가 어리면 낮은 주파수보다 높은 주파수를 잘 듣는다.

10.   🕐 ____초

우리가 자동차를 탔을 때 우리 몸은 거의 정지되어 있지만 시각적인 정보는 우리가 움직이고 있다고 뇌에 보고를 하게 된다. 이렇게 되면 시각 정보와 귓속 세반고리관에 있는 림프액에 의해 얻어진 정보가 불일치하게 되어 멀미가 발생한다. 그런데 신기하게도 자동차, 배, 비행기 멀미를 하는 사람이 기차를 타면 멀미가 덜하다고 한다. 기차는 달릴 때 상하 운동은 거의 없고 전후 운동만 한다. 이는 인간이 걸을 때 상하 운동은 거의 없고 전후 운동만 하는 것과 비슷하기 때문이다.

① 멀미의 발생 과정
② 멀미가 발생하는 이유
③ 멀미에 대처하는 방법
④ 멀미의 대표적인 증상

---

9. 청각과 나이
해설 나이가 들면 모세포가 파괴되기 때문에 높은 주파수를 못 듣는다.
어휘 주파수, 청각, 흥미롭다, 성인, 어리다, 증명되다, 모세포, 서서히

10. 멀미
해설 시각 정보와 귓속 림프액에 의한 정보가 불일치하면 멀미가 발생한다. 이는 멀미가 발생하는 이유이다.
어휘 거의, 정지되다, 시각적, 보고하다, 세반고리관, 림프액, 불일치, 신기하다, 상하 운동, 전후 운동

11.

> 음식물의 영양성분이 몸속으로 잘 흡수될 수 있도록 음식물을 작게 만드는 것을 소화라고 한다. 우리는 소화가 잘 안 되면 바로 불편함을 느끼고 소화가 잘 되게 하기 위한 방법을 찾는다. 그런데 이 방법 중에 잘못된 것들이 있다. 바로 콜라나 사이다 같은 탄산음료를 마시는 것이다. 탄산음료는 식도와 위를 연결하는 괄약근의 기능을 떨어뜨려서 음식물이 역류되는 것을 유발한다. 그러므로 소화를 위해 습관적으로 탄산음료를 마시는 것은 피해야 한다.

① 소화가 안 될 때 탄산음료를 마시는 것은 좋지 않다.

② 탄산음료는 영양성분이 몸속으로 흡수되는 것을 방해한다.

③ 음식물의 영양성분이 잘 흡수될 수 있도록 작게 씹어 먹어야 한다.

④ 소화가 잘 안 될 때 탄산음료를 마시는 것은 소화를 돕는 방법이다.

12.

> 우리 몸에는 바이러스, 박테리아, 기생충 같은 외부 침입자를 제거하는 면역체계가 있다. 그러나 이 면역체계에 이상이 생기면 전염성 질환에 쉽게 걸리기도 하고 알레르기가 나타나기도 한다. 이상이 생긴 우리 몸의 면역체계를 리부팅하기 위해 미국의 발터 롱고 교수는 단식을 해야 한다고 주장했다. 그는 단식을 하면 몸이 비상체제가 되어 에너지를 저장하려고 하는데 이때 몸은 당과 지방 그리고 불필요하거나 훼손된 면역 세포를 분해해 에너지를 저장하면서 우리 몸을 청소하기 때문에 면역체계가 리부팅된다고 했다.

① 단식을 해서 우리 몸을 비상체제로 만들어야 한다.

② 외부 침입자를 제거하는 면역체계를 활성화해야 한다.

③ 단식을 하면 이상이 생긴 우리 몸의 면역체계가 리부팅된다.

④ 전염성 질환이나 알레르기 반응이 나타나지 않게 하는 방법을 찾아야 한다.

---

11. 소화와 탄산음료

해설 소화가 되게 하기 위한 방법 중에 잘못된 것들이 있다. 바로 탄산음료를 마시는 것이다.

어휘 흡수, 음식물, 소화, 불편하다, 탄산음료, 식도, 위, 연결하다, 괄약근, 역류, 습관적

12. 단식과 면역

해설 단식을 하면 우리 몸이 비상체제가 되고 우리 몸이 청소되므로 면역체계가 리부팅이 된다.

어휘 박테리아, 기생충, 외부, 침입자, 면역체계, 이상이 생기다, 전염성 질환, 리부팅, 단식, 비상체제, 저장하다, 당, 지방, 불필요하다, 훼손되다

단어	영어	중국어	일본어	베트남어
의학 · 건강	Medical · Health	医学 · 健康	医学 · 健康	Y học - sức khỏe
1 꽃가루 알레르기	pollen allergy	花粉过敏	花粉症	dị ứng với phấn hoa
증상	symptom	症状	症状	triệu chứng
오해하다	misunderstand	误会、误解	誤解する	hiểu lầm
재채기	sneeze	喷嚏	くしゃみ	hắt hơi
콧물	runny nose	鼻涕	鼻水	nước mũi
코막힘	nasal stuffiness	鼻塞	鼻づまり	tắc mũi
순차적	sequential	按顺序	順番に	sự lần lượt, sự tuần tự
동시	the same time	同时	同時	đồng thời
끈적이다	be sticky	黏糊糊	粘り気のある	nhầy
분비물	secretion	分泌物	分泌物	chất bài tiết
2 과음	heavy drinking	喝过量	過飲	việc uống quá độ
음주	drinking	饮酒	飲酒	việc uống rượu
반복적	repetitive	反复的、重复的	反復して	mang tính lặp lại
알코올	alcohol	酒精	アルコール	chất cồn
뇌 손상	brain damage	脑损伤	脳損傷	tổn thương não
의심하다	doubt	怀疑	疑う	nghi ngờ
마취제	anesthetic	麻醉剂	麻酔剤	thuốc gây mê
수면제	sleeping pill	安眠药	睡眠剤	thuốc ngủ
중추신경	central nervous system	中枢神经	中枢神経	trung khu thần kinh, hệ thần kinh trung ương
억제제	suppressant	抑制剂、阻化剂	抑制剤	chất gây ức chế
회복되다	recover	恢复	回復する	được hồi phục
지속되다	continue	持续、继续	持続する	được duy trì liên tục
치매	dementia	痴呆症	認知症	sự mất trí
발생률	incidence rate	发生率	発生率	tỉ lệ phát sinh
중단하다	stop	中断	中断する	gián đoạn, nghỉ
처방받다	be prescribed	得到处方	処方してもらう	được kê đơn
꾸준하다	be steady	持续、连续不断	ずっと、~続ける	liên tục, bền bỉ
복용하다	take	服用	服用する	uống (thuốc)
3 낮잠	nap	午觉	昼寝	giấc ngủ ngày
수행 능력	performance	执行能力	遂行能力	năng lực giải quyết công việc
향상	improving	向上、提高	向上	sự nâng cao
자꾸만	again and again	总是、不断地	しきりに	cứ tiếp tục
수면 관성 효과	sleep inertia effect	睡眠惯性效果	睡眠慣性効果	hiệu quả của quán tính giấc ngủ
불면증	insomnia	失眠症	不眠症	bệnh mất ngủ

단어	영어	중국어	일본어	베트남어
규칙적	regular	规律的、规则的	規則的	mang tính quy tắc
정오	at noon	中午	正午	chính ngọ, giữa trưa
상쾌하다	feel refreshed	轻松、畅快	さわやかだ	sảng khoái, thoải mái
4 혈액형	blood type	血型	血液型	nhóm máu
표현하다	represent	表现	表す	biểu hiện
구분하다	distinguish	区分	区分する	phân loại
동종	the same kind	同类、同种	同種	cùng loại
항체	antibody	抗体	抗体	kháng thể
수혈	blood transfusion	输血	輸血	sự truyền máu
부작용	side effect	副作用	副作用	tác dụng phụ
항체반응	antibody response	抗体反应	抗体反応	phản ứng kháng thể
사망	death	死亡	死亡	tử vong
조심하다	be careful	小心、当心	気をつける	cẩn thận
5 나들이객	picnickers	游客	行楽客	người đi dã ngoại
야생	wild	野生	野生	hoang dã, hoang dại
진드기	mite	蜱螨	ダニ	chấy, rận
물리다	get bitten	被咬	かまれる	bị cắn, bị đốt
숨지다	die	死亡	死ぬ	che giấu
매달리다	hang, dangle	依附、靠、挂	しがみつく	bị cột, bị treo
지나가다	pass by	路过	通り過ぎる	đi qua
달라붙다	cling	扑在…上、粘、贴	くっつく	bám chắc, dính chặt
피	blood	血	血	máu
빨다	suck	吸、允	吸う	hút
마취 성분	anesthetic component	麻醉成分	麻酔成分	chất gây mê
굳다	congeal	凝固、凝结	固まる	đông, cứng
항응고제	anticoagulant	抗凝固剂	抗凝固剤	chất kháng đông
바이러스	virus	病毒	ウィルス	vi-rút
전해지다	spread	传到	伝えられる	được truyền lại
예방백신	preventive vaccine	预防疫苗	予防ワクチン	vắc-xin phòng bệnh
치료제	remedy	药品、治疗剂	治療剤	thuốc chữa trị
전문가	expert	专家	専門家	chuyên gia
활발하다	be active	活跃	活発だ	hoạt bát
6 상큼하다	be fresh	清爽	さわやかだ	thơm mát, thoải mái
알록달록	colorful	五颜六色	カラフルだ	sặc sỡ, nhiều màu
단순히	simply	单纯地	単純に	đơn giản
영양소	nutrient	营养素、养分	栄養素	chất dinh dưỡng
역할	role	作用、角色	役割	vai trò

단어	영어	중국어	일본어	베트남어
골고루	evenly	平均、均匀	まんべんなく	một cách đồng đều, đều đặn
7 대장암	colon cancer	大肠癌	大腸がん	ung thư đại tràng
식탁	table	饭桌、餐桌	食卓	bàn ăn
기름지다	be greasy	油腻	脂っこい	béo, nhiều dầu mỡ
신체 활동	physical activity	身体活动	身体活動	hoạt động cơ thể
발병률	incidence rate	发病率	発病率	tỉ lệ phát bệnh
사망률	death rate	死亡率	死亡率	tỉ lệ tử vong
치료 효과	therapeutic effect	治疗效果	治療効果	hiệu quả chữa trị
방문	visit	访问	訪問	thăm
조기 검진	early screening	早期诊断	早期検診	kiểm tra phát hiện sớm
공포	fear	恐怖	恐怖	sự khiếp sợ
8 면역 세포	immune cell	免疫细胞	免疫細胞	tế bào miễn dịch
목이 마르다	be thirsty	口渴	喉が乾く	khát
기침	cough	咳嗽	せき	ho
설사	diarrhea	腹泻	下痢	tiêu chảy
앓다	suffer	生病	病む	mắc (bệnh)
백혈구	white blood cell	白血球	白血球	bạch cầu
활성 산소	active oxygen	活性氧	活性酸素	nguyên tố oxygen
배출	releasing	排出、排放	排出	sự thải
수분	moisture	水分	水分	độ ẩm, hơi nước
독성물질	toxic substance	毒性物质	毒性物質	chất độc
충분히	enough	充分	充分に	đủ
9 주파수	frequency	频率	周波数	tần số
청각	hearing	听觉	聴覚	thính giác
흥미롭다	be interesting	有趣	興味深い	hứng thú, hứng khởi
성인	adult	成人	成人	người lớn, người trưởng thành
어리다	be young	小、年幼	若い、幼い	trẻ
증명되다	be proved	证明	証明される	được chứng minh
모세포	hair cell	毛细胞	毛細胞	tế bào mẹ
서서히	slowly	慢慢	徐々に	một cách chậm rãi, từ từ
10 거의	almost	几乎	ほとんど	hầu hết
정지되다	stop	停止	停止する	được dừng lại, đình chỉ
시각적	visual	视觉的	視覚的	mang tính thị giác
보고하다	report	报告	報告する	báo cáo
세반고리관	three semicircular canals	半规管	三半規管	ba ống bán nguyệt trong tai

단어	영어	중국어	일본어	베트남어
림프액	lymphatic fluid	淋巴液	リンパ液	dịch bạch huyết
불일치	inconsistency	不一致	不一致	sự bất đồng, sự không đồng nhất
신기하다	be amazing	新奇	不思議だ	thần kì, kì bí
상하 운동	up-and-down motion	上下运动	上下運動	chuyển động lên xuống
전후 운동	to-and-fro motion	前后运动	前後運動	chuyển động trước sau
11 흡수	absorption	吸收	吸収	sự hấp thụ, sự thấm
음식물	food and drink	饮食、食物	飲食物	đồ ăn uống
소화	digestion	消化	消化	việc tiêu hóa
불편하다	be uncomfortable	不便、不方便	不快だ、もどかしい	bất tiện
탄산음료	soda	碳酸饮料	炭酸飲料	đồ uống có ga
식도	esophagus	食道	食道	thực quản
위	stomach	胃	胃	dạ dày
연결하다	connect	连接	つなぐ	liên kết, kết nối
괄약근	sphincter	括约肌	括約筋	cơ co thắt
역류	reflux	逆流	逆流	sự chảy ngược, sự ngược dòng
습관적	habitual	习惯的	習慣的	mang tính thói quen
12 박테리아	bacteria	细菌	バクテリア	vi khuẩn
기생충	parasite	寄生虫	寄生虫	kí sinh trùng
외부	outside	外部、外面	外部	bên ngoài
침입자	intruder	入侵者	侵入者	kẻ xâm nhập, kẻ đột nhập
면역체계	immune system	免疫系统	免疫体系	hệ thống miễn dịch
이상이 생기다	have something wrong	发生异常	異常が起きる	xuất hiện điều bất thường
전염성 질환	infectious disease	传染性疾病	伝染性疾患	bệnh truyền nhiễm
리부팅	rebooting	重新启动	再構成	khởi động lại
단식	fast	禁食、断食	断食	sự tuyệt thực
비상체제	emergency system	紧急状态	非常体制	cơ chế khẩn cấp
저장하다	save	储藏	蓄える	lưu giữ
당	sugar	糖	糖	đường
지방	fat	脂肪	脂肪	chất béo
불필요하다	unnecessary	不必要	不必要だ	không cần thiết
훼손되다	be damaged	毁损、损坏	壊れる、毀損する	bị phá hủy

Point

교육 주제에서는 어린이·학생들의 교육 방법을 비롯하여 성희롱 예방 교육, 다문화 교육 등 성인 교육에 대한 글도 출제되고 교육 제도와 교육 정보에 대한 글도 출제된다. 교육을 주제로 한 글이 많이 출제되는 편은 아니지만 교육 현상에 대한 다양한 글을 읽고 공부할 필요가 있다.

1~4 다음을 읽고 내용이 같은 것을 고르십시오.

1.   🕐____초

> 아이들은 두 돌이 지나면서 혼자서 하고 싶은 것들이 많아지며 부모들은 이때부터 해도 되는 일과 안 되는 일을 구분해 준다. 이때 아이가 하고 싶은 일을 하지 못하게 되면 그 좌절감이 고집으로 나타날 수 있다. 그러나 이 시기는 자발성, 사회성, 독립성이 형성되는 때이므로 강압적인 훈육은 피해야 한다. 그리고 훈육을 하기 전에는 아이들의 감정을 먼저 파악해야 한다.

① 아이들이 고집이 세지면 강하게 훈육을 해야 한다.

② 훈육을 하기 전에 먼저 아이들의 감정을 살펴야 한다.

③ 아이들은 두 돌이 되면 아무 이유 없이 고집을 부린다.

④ 부모들은 아이에게 자발성, 사회성, 독립성을 가르쳐야 한다.

2.   🕐____초

> 가향동 옛 향진초등학교 부지에 예정되었던 특수학교 설립이 일부 주민들의 반발로 또 지연되고 있다. 그런데 특수학교 설립 반대를 위해 만들어진 비상대책위원회가 가향동 주민들을 대표하는 사람들이 아닌 옛 향진초등학교 맞은편 아파트 주민들로 이뤄졌다는 사실이 밝혀졌다. 집값 하락을 우려하는 일부 주민들의 반발로 특수학교 설립이 무산될 위기에 처한 것이다.

① 향진초등학교 내에 특수학교가 설립될 예정이었다.

② 가향동 주민들의 반발로 특수학교 설립이 완전히 취소되었다.

③ 가향동 주민들은 특수학교 설립에 따른 집값 하락을 우려하고 있다.

④ 비상대책위원회는 옛 향진초등학교 맞은편 아파트 주민들로 이뤄졌다.

---

1. 훈육

해설 훈육을 하기 전에 아이들의 감정을 파악해야 한다.

어휘 돌, 좌절감, 고집, 시기, 자발성, 사회성, 독립성, 형성되다, 강압적, 훈육, 파악하다

2. 특수학교

해설 비상대책위원회가 옛 향진초등학교 맞은편 아파트 주민들로 이뤄졌다는 사실이 밝혀졌다.

어휘 부지, 특수학교, 예정되다, 설립, 반발, 지연, 비상대책위원회, 밝혀지다, 하락, 무산, 처하다

3. 🕐 ＿＿＿초

> 자유학기제는 중학교 교육과정 중에 한 학기나 두 학기 수업을 학생 참여형으로 바꾸고 다양한 체험 활동을 할 수 있도록 운영하는 제도이다. 여기에는 '꿈과 끼'를 마음껏 펼쳐보라는 교육부의 취지가 담겨 있다. '꿈'이란 하고 싶은 일, '끼'란 잘 할 수 있는 일을 말하며, '진로와 적성'을 뜻한다. 학생들은 이 자유학기제를 통해 진로와 적성을 찾을 수 있는 기회를 얻게 되었다.

① 자유학기제는 학생이 직접 수업을 진행한다.
② 자유학기제는 체험 학습 프로그램으로만 이뤄져 있다.
③ 교육부는 학생들의 진로 탐색 프로그램을 직접 운영한다.
④ 학생들은 자유학기제를 통해 진로와 적성을 탐색할 수 있다.

4. 🕐 ＿＿＿초

> 다음 달 10일부터 복지회관에서 서예 교실이 열립니다. 평소 서예에 관심이 있는 주민 여러분의 많은 참여 부탁드립니다. 초급, 중급으로 이루어지는 이번 서예 교실의 참가 신청 기간은 이번 달 30일까지이며 주민센터 민원창구에서 받고 있습니다. 정원이 차는 경우 조기에 참가 신청이 마감될 수 있으므로 전화 문의 후 방문 바랍니다. 참가 신청은 인터넷과 전화로는 불가능하니 이 점 미리 양해의 말씀드립니다.

① 참가 신청은 전화로도 가능하다.
② 주민센터에서 서예 교실을 연다.
③ 반드시 전화 문의 후 신청해야 한다.
④ 이달 30일 이전에 신청이 마감될 수 있다.

---

3. 자유학기제
[해설] 학생들은 자유학기제를 통해 진로와 적성을 찾을 기회를 갖게 되었다.
[어휘] 자유학기제, 운영하다, 꿈, 끼, 마음껏, 펼치다, 교육부, 취지, 진로, 적성

4. 서예 교실
[해설] 정원이 차면 30일 전에 신청이 마감될 수 있다.
[어휘] 복지회관, 서예, 평소, 참가, 신청, 민원창구, 마감, 문의, 불가능, 양해

Part 2 | 주제편

5~8 다음을 읽고 (　　)에 들어갈 내용으로 가장 알맞은 것을 고르십시오.

5.　　　　　　　　　　　　　　　　　　　　　　　🕐 ＿＿＿초

　　2017년 통계청 자료에 따르면 (　　　　　　　　　) 사교육비 지출이 달라진다고 한다. 중졸 이하 학력의 어머니는 월평균 11만 원을 지출한 반면 학력이 대학원 졸인 어머니는 월평균 43만 원을 지출했다. 또한 월평균 소득 수준 200만 원 이하 가구는 매월 9만 원을 지출한 데 반해 소득 수준 700만 원 이상 가구는 매월 45만 원을 지출하였다.

① 부모의 평균 소득에 따라
② 부모가 졸업한 학교에 따라
③ 부모의 관심과 지원에 따라
④ 부모의 교육 수준과 소득 수준에 따라

6.　　　　　　　　　　　　　　　　　　　　　　　🕐 ＿＿＿초

　　스마트폰을 처음 접하는 연령이 낮아지면서 (　　　　　　　　　)을 고민할 필요성이 거론되고 있다. 스마트기기가 본격적으로 보급된 2010년 이후 태어난 아이들은 글을 배우기도 전에 기계를 다루는 방법을 터득하는 경우가 많다. 또한 화려한 영상과 사운드, 다양한 정보에 쉽게 노출된 채 자라기 때문에 부모 세대와는 전혀 다른 방식의 사고를 할 가능성이 높다.

① 스마트폰 사용의 장단점
② 스마트기기 사용 시 주의점
③ 스마트폰 사용을 제한하는 방법
④ 스마트기기 시대에 알맞은 교육 방식

5. 사교육비
해설 어머니의 학력과 가구 소득에 따라 사교육비 지출이 달라진 것으로 나타났다.
어휘 통계청, 자료, 사교육비, 지출, 중졸, 학력, 대학원 졸, 월평균, 소득 수준

6. 스마트기기 세대
해설 스마트기기 세대는 부모 세대와 다른 방식의 사고를 할 가능성이 높기 때문에 이에 맞는 교육 방식을 고민해야 한다.
어휘 접하다, 거론되다, 본격적으로, 보급되다, 터득하다, 화려하다, 영상, 사운드, 자라다, 세대

7.

> 아이들의 (   )은 매우 중요하다. 그러나 몸에 좋다는 이유로 아이가 싫어하는 음식을 강요하는 것은 바람직하지 않다. 오히려 이는 음식에 대한 편견과 거부감을 갖게 할 것이다. 아이들의 식성을 존중해 주면서 음식을 맛있게 먹는 모습을 보여 주는 것이 중요하다. 이렇게 하면 아이들 스스로 서서히 다양한 음식에 호기심을 보일 것이다.

① 식습관을 존중하는 것
② 호기심을 이끌어 내는 것
③ 편식 습관을 잡아 주는 것
④ 건강한 체력을 유지하는 것

8.

> 다가오는 4차 산업혁명 시대를 대비하기 위해서는 교육이 통째로 바뀌어야 한다. 과거 일방적인 지식 전달 위주의 교육에서 창의력과 문제 해결 능력을 강조하는 교육 방식도 옛말이 되었다. 이제는 문제 해결 능력 이전에 (   ) 능력이 요구되는 시대이다. 교사의 질문에 답하는 교육이 아닌 질문을 만들고 질문을 해결하는 교육이 필요해진 것이다.

① 문제를 만드는
② 문제를 선택하는
③ 문제를 풀어나가는
④ 주어진 문제를 이해하는

7. 식습관 교육

해설 아이들이 다양한 음식을 섭취할 수 있도록 편식 습관을 잡아 줘야 한다.

어휘 강요하다, 바람직하다, 편견, 거부감, 식성, 존중하다, 호기심

8. 4차 산업혁명 시대의 교육

해설 문제 해결 능력만을 강조하던 예전과는 달리 문제를 만드는 능력이 요구된다.

어휘 산업혁명, 통째로, 일방적인, 지식, 전달, 위주, 창의력, 강조하다, 옛말, 요구되다

9~12 다음 글의 주제로 가장 알맞은 것을 고르십시오.

9. 🕐 ____ 초

> "참 예쁘게 생기셨네요."라는 말은 흔히 외모를 칭찬하는 말로 인식되나 경우에 따라서는 불쾌감을 줄 수 있다. 왜냐하면 칭찬의 의도가 있더라도 상대를 성적 대상화할 위험이 있기 때문이다. 성희롱 예방 교육은 이처럼 우리가 잘 알지 못했던 성희롱의 정의와 성희롱을 어떻게 판단해야 하는지를 알려 준다. 또한 사전 예방과 사후 대처 방법 등의 교육을 통해 성희롱 피해를 최소화할 수 있도록 돕는다.

① 성희롱 피해 최소화 방안
② 성희롱 예방 교육의 필요성
③ 성희롱의 정의와 다양한 예시
④ 성희롱을 정확하게 판단하기 위한 방법

10. 🕐 ____ 초

> 최근 정부가 어린이집과 유치원의 영어 교육을 금지한다고 밝혀 논란이 일고 있다. 어린이집 내 영어 교육을 금지하면 영어 교육을 사교육으로 해결해 사교육비가 증가할 수 있기 때문이다. 또한 어린이집에서 하는 영어 교육은 영어 노래 부르기, 게임하기 등 놀이에 가까워 학습으로 보기에도 어렵다. 글로벌 시대에 영어 교육은 다양한 문화에 접근하기 위한 기초 과정으로 봐야 할 것이다.

① 영어 교육은 빨리 시작할수록 효과가 좋다.
② 취학 전 아동에게 영어 교육을 장려해야 한다.
③ 어린이를 대상으로 한 영어 교육은 놀이와 접목해야 한다.
④ 어린이집과 유치원에서의 영어 교육은 학습으로 봐서는 안 된다.

---

9. 직장 내 성희롱 예방 교육
해설 성희롱의 정의와 판단, 예방과 대처법 등을 배우기 위해 성희롱 예방 교육이 필요하다.
어휘 흔히, 외모, 인식되다, 불쾌감, 의도, 대상화, 성희롱, 정의, 판단하다, 사후, 대처, 최소화

10. 영어 교육
해설 어린이집과 유치원에서의 영어 교육은 학습이 아닌 다양한 문화에 접근하는 기초 과정으로 봐야 한다.
어휘 어린이집, 유치원, 금지, 논란, 일다, 사교육, 해결하다, 접근하다, 기초

11. 　　　　　　　　　　　　　　　　　　　　　　　　　　　　　🕐 _____초

> 　　자기주도 학습은 학습자 스스로 교육의 목표를 세우고 계획하며 학습을 이끌어 나가는 것을 말한다. 그런데 자기주도 학습을 잘못 생각하면 부모는 '네가 알아서 해'라는 식의 방관자가 되고 아이는 막연하게 무엇을 어떻게 해야 할지 몰라 당황하게 된다. 이 때문에 성공적인 자기주도 학습을 위해서는 부모가 조력자의 역할을 해 주는 것이 중요하다.

① 자기주도 학습을 오해하고 있는 부모가 많다.
② 자기주도 학습에는 적절한 부모의 도움이 필요하다.
③ 자기주도 학습을 위해 부모는 최대한 관심을 줄여야 한다.
④ 자기주도 학습은 아이가 스스로 무엇을 해야 할지 모르게 만든다.

12. 　　　　　　　　　　　　　　　　　　　　　　　　　　　　　🕐 _____초

> 　　취학 전 아이들은 장난감을 가지고 놀거나 놀이터에서 뛰어놀면서 하루를 보낸다. 또는 학습의 전 단계로 아이들의 두뇌 발달을 위해 설계된 놀이를 하는 경우도 있다. 그러나 과거에는 집에서 일상적인 집안일도 놀이처럼 배우게 하였다. 이는 자신이 해야 할 일을 스스로 찾아서 하는 부지런함을 먼저 배우게 한 것이다. 그래야 아이들이 사회인으로 자라면서 자신의 위치를 찾아 역할을 다할 수 있는 사람으로 커 나갈 수 있기 때문이다.

① 아이들에게는 공부보다 놀이가 더 중요하다.
② 집안일을 배우지 못하면 아무것도 할 수 없다.
③ 아이들에게 마음껏 뛰어놀 수 있는 권리를 줘야 한다.
④ 아이들에게 자신의 일을 스스로 할 수 있도록 가르쳐야 한다.

---

11. 자기주도 학습

해설 성공적인 자기주도 학습을 위해서는 부모가 조력자 역할을 해 주는 것이 좋다.

어휘 자기주도 학습, 학습자, 목표, 세우다, 방관자, 막연하다, 당황하다, 성공적, 조력자

12. 가정 교육

해설 어릴 적부터 자신의 일을 스스로 찾아서 할 수 있도록 가르쳐야 사회에서도 자신의 역할을 다할 수 있다.

어휘 취학, 장난감, 단계, 두뇌 발달, 설계되다, 일상적, 집안일, 부지런함, 사회인, 위치

단어	영어	중국어	일본어	베트남어
교육	Education	教育	教育	Giáo dục
1 돌	first birthday	周岁	（1歳の）誕生日	thôi nôi (sinh nhật lần thứ nhất)
좌절감	frustration	挫折感	挫折感	cảm giác chán nản, tuyệt vọng
고집	stubbornness	固执	頑固	sự cố chấp
시기	period	时期	時期	thời kì, thời cơ, thời điểm
자발성	spontaneity	自发性、自觉性	自発性	tính tự giác
사회성	sociability	社会性、群体性	社会性	tính xã hội, kĩ năng mềm
독립성	independence	独立性	独立性	tính độc lập, tự lập
형성되다	be formed	形成	形成される	được hình thành
강압적	coercive	强制性的	強圧的	mang tính cưỡng ép, áp đặt
훈육	discipline	教导、训育	しつけ	sự giáo huấn, sự giáo dục
파악하다	understand	把握	把握する	tìm hiểu, nắm bắt
2 부지	site	用地	敷地	địa điểm, mảnh đất xây dựng
특수학교	special school	特殊学校	特殊学校	trường dành cho trẻ em khuyết tật
예정되다	be scheduled	被预定	予定する	được dự định
설립	establishment	设立	設立	sự thành lập
반발	opposition	反抗、抵制	反発	sự phản bác, sự phản đối
지연	delay	延迟、推迟	遅延	sự trì hoãn, kéo dài
비상대책위원회	emergency response committee	紧急对策委员会	非常対策委員会	Hội đồng đưa ra đối sách cho trường hợp khẩn cấp
밝혀지다	be revealed	揭露	明らかになる	được làm sáng tỏ
하락	falling, declining	下落	下落	sự trượt, giảm xuống
무산	miscarry	落空、告吹	立ち消え	vô sản, sự tiêu tan
처하다	face	处于、面临	迎える、処する	đối mặt, đương đầu với
3 자유학기제	free semester	自由学期制	自由学期制	chế độ học kì tự do
운영하다	run	运营	運営する	điều hành, vận hành
꿈	dream	梦、梦想	夢	giấc mơ, ước mơ
끼	talent	才能、本领	才能	tài năng, năng khiếu
마음껏	as much as one likes	尽情地	思い切り	hết mình, tùy thích
펼치다	spread	展示、展现	伸ばす、繰り広げる	bày ra, mở ra
교육부	Ministry of Education	教育部	教育部	Bộ Giáo dục

단어		영어	중국어	일본어	베트남어
	취지	intent	旨趣、宗旨	趣旨	ý nghĩa, mục đích
	진로	career	前途、出路	進路	tiến độ, con đường đi trong tương lai
	적성	aptitude	适应性、倾向	適性	tính cách, khả năng
4	복지회관	welfare center	福利会馆	福祉会館	trung tâm phúc lợi xã hội
	서예	calligraphy	书法	書道	nghệ thuật thư pháp
	평소	usually	平常	日ごろ、ふだん	thường ngày, bình thường
	참가	participation	参加	参加	sự tham gia, tham dự
	신청	application	申请	申請	sự đăng kí
	민원창구	a window for civil petitions	信访窗口	市民窓口	cửa tiếp dân, quầy ban tiếp dân
	마감	deadline	结束	締切	hạn cuối, hạn chót
	문의	inquiry	询问	問い合わせ	việc hỏi, việc đặt câu hỏi
	불가능	impossibility	不可能	不可能	việc không có khả năng
	양해	excuse	谅解	了解	sự thông cảm, sự thấu hiểu
5	통계청	National Statistical Office	统计厅	統計庁	Cục thống kê
	자료	data	资料	資料	tài liệu
	사교육비	private education expenses	课外教育费	学校外教育費	chi phí cho giáo dục tư
	지출	spending	支出	支出	sự chi trả
	중졸	middle school graduate	初中毕业	中卒	tốt nghiệp trung học cơ sở
	학력	level of education	学历	学歴	học lực
	대학원 졸	graduating from graduate school	研究生院毕业	大学院卒	tốt nghiệp cao học
	월평균	monthly average	月平均	月平均	trung bình theo tháng
	소득 수준	income level	收入水平	所得水準	tiêu chuẩn thu nhập
6	접하다	encounter	接触	接する	tiếp xúc, tiếp giáp
	거론되다	be mentioned	被提出、列为议题	取りざたされる	được bàn luận, được trao đổi
	본격적으로	in earnest	正式的	本格的に	một cách chính thức
	보급되다	be spread	普及	普及する	được phổ cập, được cung ứng
	터득하다	learn	领会、体会	会得する	hiểu ra, nắm bắt
	화려하다	be fancy, be colorful	华丽	きらびやかな	sặc sỡ
	영상	video	影像、视频	映像	cờ-líp
	사운드	sound	声、声音	サウンド	âm thanh

단어	영어	중국어	일본어	베트남어
자라다	grow up	成长	育つ	phát triển, trưởng thành
세대	generation	代、世代	世代	thế hệ
7 강요하다	compel	强迫、强制	強要する	bắt buộc, ép buộc
바람직하다	be desirable	值得期待	望ましい	đáng quý, có ý nghĩa
편견	prejudice	偏见	偏見	định kiến
거부감	reluctance	抗拒心理	拒否感	cảm giác khó tiếp nhận
식성	taste	食性	食性	khẩu vị
존중하다	respect	尊重	尊重する	tôn trọng
호기심	curiosity	好奇心	好奇心	tính hiếu kì, tính tò mò
8 산업혁명	the Industrial Revolution	产业革命	産業革命	cuộc cách mạng công nghiệp
통째로	whole	整个的、全部的	丸ごと	hoàn toàn, toàn bộ
일방적인	unilateral	单方面的	一方的な	mang tính đơn phương, một chiều
지식	knowledge	知识	知識	kiến thức
전달	delivery	传达	伝達	sự truyền đạt
위주	mainly	为主	中心の	sự xem trọng, coi là chính
창의력	creativity	创造力	創意力	tính sáng tạo
강조하다	emphasize	强调	強調する	nhấn mạnh
옛말	old saying	古人云	過去のもの、死語	lời dạy xưa
요구되다	be required	要求	求められる	được yêu cầu
9 흔히	often	常常、经常	よく、しばしば	thường
외모	look	外貌	容貌	ngoại hình
인식되다	be recognized	认识	認識される	được nhận diện
불쾌감	displeasure	不快感	不快感	cảm giác khó chịu
의도	intention	意图、意向	意図	ý đồ, ý định
대상화	objectification	当成对象	対象化	trở thành đối tượng
성희롱	sexual harassment	性骚扰	セクハラ	sự quấy rối tình dục
정의	justice	定义	定義	chính nghĩa
판단하다	judge	判断	判断する	phán đoán
사후	after the fact[matter]	事后	事後	sau này
대처	handling	应对	対処	sự ứng phó, sự đối phó
최소화	minimization	最小化	最小化	giảm thiểu tối đa, thu nhỏ tối đa
10 어린이집	daycare center	托儿所	保育所	nhà trẻ
유치원	kindergarten	幼儿园	幼稚園	trường mẫu giáo
금지	prohibition	禁止	禁止	sự cấm đoán
논란	controversy	争论	物議	sự bàn luận, sự tranh cãi

단어	영어	중국어	일본어	베트남어
일다	arouse	发生、出现	起きる	nổi lên, bùng lên
사교육	private education	私教育、课外教育	学校外教育	giáo dục tư
해결하다	settle	解决	解決する	giải quyết
접근하다	approach	接近、靠近	アプローチする、近づく	tiếp cận
기초	basic	基础	基礎	cơ sở, nền tảng
11 자기주도 학습	self-directed learning	自我主导学习	自己主導学習	việc tự học
학습자	learner	学习者	学習者	người học
목표	goal	目标	目標	mục tiêu
세우다	set up	建立、设立	立てる	xây dựng
방관자	bystander	旁观者	傍観者	người ngoài cuộc, người bàng quan
막연하다	be vague	漠然、茫然	漠然とする	mờ mịt, mơ hồ
당황하다	be at a loss	惊慌、慌张	当惑する	bàng hoàng, hoảng hốt
성공적	successful	成功的	満足できる	có tính chất thành công
조력자	assistant	帮手	助力者	người giúp đỡ, người hợp tác
12 취학	school attendance	上学、入学	就学	việc nhập học
장난감	toy	玩具	おもちゃ	đồ chơi
단계	step	阶段	段階	giai đoạn
두뇌 발달	brain development	大脑发达	頭脳発達	phát triển não bộ
설계되다	be designed	设计、计划	設計する	được thiết kế
일상적	everyday	平常的	日常的	mang tính thường nhật
집안일	housework	家务	家事	việc nhà
부지런함	assiduity	勤快、勤奋	勤勉さ	sự chăm chỉ, sự cần cù
사회인	member of society	社会人	社会人	thành viên trong xã hội
위치	position	位置	位置	vị trí

기업 · 경제 주제에서는 국내외 경제 상황과 기업과 정부의 역할에 대한 지문도 출제된다. 또한 현재 기업 · 경제와 관련하여 이슈가 되는 문제들도 지문으로 출제될 수 있다.

1~4 다음을 읽고 내용이 같은 것을 고르십시오.

1. 🕐 ___초

사업을 하거나 창업을 준비 중인 사람들에게 사업비 마련과 마케팅을 한 번에 해결할 수 있는 크라우드 펀딩(Crowd funding)이 인기이다. 크라우드 펀딩은 자신의 프로젝트를 소개하고, 사람들로부터 투자를 받는 방식으로 이뤄진다. 투자자들은 이를 통해 투자나 후원을 할 수 있고, 출시되기 전에 제품을 먼저 구매할 수도 있다. 이러한 점에서 크라우드 펀딩은 사업자와 투자자, 소비자가 만나는 새로운 형태의 시장이라 볼 수 있다.

① 크라우드 펀딩을 통해서는 제품을 살 수 없다.
② 사업자는 크라우드 펀딩을 통해 제품을 홍보할 수 있다.
③ 크라우드 펀딩에서의 투자금은 모두 후원금으로 전달된다.
④ 크라우드 펀딩은 수익률이 높아 투자자들에게 인기가 많다.

2. 🕐 ___초

가상화폐란 온라인상으로만 거래되는 전자화폐로 실물이 존재하지 않는 화폐이다. 각 나라의 정부나 중앙은행에서 발행하는 일반 화폐와는 달리 생산 비용과 보관 비용이 전혀 들지 않는다. 그뿐만 아니라 거래 비용을 절감할 수 있고 도난이나 분실의 위험이 없다는 장점도 있다. 그러나 거래 내역이 남지 않아 도박이나 불법자금에 사용될 수 있다. 또한 세금이 부과되지 않기 때문에 탈세의 수단이 될 우려도 있다.

① 가상화폐는 정부나 중앙은행에서 관리한다.
② 가상화폐는 세금 회피 수단이 될 수도 있다.
③ 가상화폐는 거래할 때 비용이 전혀 들지 않는다.
④ 가상화폐는 분실 시에도 거래 기록을 통해 쉽게 찾을 수 있다.

---

1. 크라우드 펀딩

해설 사업자는 크라우드 펀딩을 통해 제품을 홍보하고, 사업비를 마련할 수 있다.

어휘 사업, 창업, 사업비, 마케팅, 프로젝트, 추진하다, 투자, 방식, 후원, 출시, 구매, 사업자, 투자자, 소비자

2. 가상화폐

해설 가상화폐는 세금이 부과되지 않기 때문에 탈세의 수단이 될 수 있다.

어휘 가상화폐, 거래되다, 전자화폐, 실물, 중앙은행, 생산, 보관, 절감하다, 도난, 분실, 위험, 내역, 도박, 불법자금, 세금, 부과되다, 탈세, 수단

3.   ⏱ ____초

전국 아파트 입주율이 낮아지면서 '빈집'이 증가하고 있다. 입주율은 분양한 아파트에 거주할 사람이 입주하는 비율을 말한다. 이렇게 입주 대란이 일어난 이유는 집을 구매한 사람이 세입자를 찾지 못했거나 분양받은 후 기존에 가지고 있던 주택을 팔지 못해 잔금 처리를 못 했기 때문이다. 전문가들은 아파트가 너무 많이 공급된 것이 가장 근본적인 이유라고 지적하며 당분간은 이러한 현상이 지속될 것으로 내다봤다.

① 아파트값이 상승하여 분양이 안 되고 있다.
② 아파트로 사람들이 몰리는 입주 대란이 심각하다.
③ 아파트가 부족하여 집을 못 구하는 사람들이 많다.
④ 분양은 되었으나 입주자가 없는 집이 증가하고 있다.

4.   ⏱ ____초

소유할 필요가 없는 것들을 나누고 빌려 쓰는 '공유 경제'는 소비를 줄일 수 있는 대안 경제로 등장했다. 한국에서도 사무실이나 집, 주차장 등의 공간을 공유하거나, 옷이나 차 등을 빌려 쓰는 사람들이 늘어나고 있다. 이처럼 이미 생산된 제품을 여러 사람이 함께 쓰기 때문에 자원을 아끼고 폐기물을 줄일 수 있다는 장점도 있다. 이에 환경보호를 위한 사회운동으로도 점차 확대되고 있는 추세이다.

① 공유 경제는 무료로 빌려 쓰는 것을 말한다.
② 공유 경제는 환경운동의 한 방법으로 시작되었다.
③ 공간이나 제품을 공유하는 사람들이 증가하고 있다.
④ 폐기될 물건을 재활용하는 것도 공유 경제의 한 방법이다.

3. 아파트 입주 대란
해설 분양한 아파트에 입주자가 없는 빈집이 늘어나고 있다.
어휘 입주율, 분양하다, 거주하다, 비율, 세입자, 잔금, 대출, 공급, 물량, 관리하다, 지적하다, 당분간, 현상

4. 공유 경제
해설 사무실, 집 등의 공간과 옷, 차 등의 물건을 공유하는 사람들이 증가하고 있다.
어휘 소유하다, 공유, 대안 경제, 자원, 아끼다, 폐기물, 환경보호, 사회운동, 추세

5~8 다음을 읽고 (   )에 들어갈 내용으로 가장 알맞은 것을 고르십시오.

5.   🕐 ____초

> '짜다'와 '재테크'의 합성어 '짠테크'가 새로운 재테크의 트렌드로 급부상하고 있다. 이는 불필요한 소비를 줄여 재물을 모으는 재테크 방법을 의미한다. 일례로, 일주일에 담배 두 갑을 줄이면 1년에 46만 8천 원을 모을 수 있다. 또한 평일 커피숍에서 마시는 커피값 5천 원을 아끼면 1년 후에는 120만 원이 모인다. 이렇듯 (   ) 돈이 모이는 소소한 재미를 느낄 수 있을 것이다.

① 어릴 때부터 저축을 생활화하면
② 담배와 커피 등 좋아하는 것을 포기하면
③ 푼돈이라고 생각했던 지출을 줄이다 보면
④ 큰돈을 모으겠다는 목표를 가지고 실천하면

6.   🕐 ____초

> 구직난과 창업의 어려움을 극복할 대안으로 '창직'이 뜨고 있다. '창직'이란 (   )을 말한다. 또한 기존 직업의 직무를 재설계하여 전문화하거나 통합화하는 것도 포함한다. 반려동물의 사진만 전문적으로 찍는 반려동물 사진사, 이혼을 준비하는 사람들에게 심리 상담 및 법률 조언을 해 주는 이혼 플래너 등 다양한 직업들이 새로 만들어졌다. 창직에 성공한 사람들은 자신의 경험이나 특기, 취미를 살린 것이 성공 요인이 되었다고 말했다.

① 새로운 직업을 만드는 것
② 자신의 경험을 살리는 것
③ 자신의 회사를 차리는 것
④ 특별한 직업을 소개하는 것

---

5. **짠테크**
해설 짠테크는 담배값이나 커피값 등 규모가 작은 지출을 줄여서 돈을 모으는 것을 말한다.
어휘 짜다, 재테크, 합성어, 트렌드, 급부상하다, 불필요하다, 재물, 의미하다, 일례, 담배, 갑, 소소한

6. **창직**
해설 창직은 전에 없던 직업을 새롭게 만드는 것을 말한다.
어휘 구직난, 극복하다, 직무, 재설계, 전문화, 통합화, 포함하다, 반려동물, 이혼, 상담, 법률, 조언, 요인

7. ⏱ _____초

> 　자원외교는 해외에서 수입하는 자원 중, 국내 소비량이 일정한 자원을 국가가 외교력을 동원하여 공급받는 것을 말한다. 보통 해외의 자원 개발에 국내 업체를 직접 참여시켜 이를 대가로 해당 자원을 공급받는다. 특히 한국은 광물 자원이 부족하여 자원을 대부분 해외에서 수입하고 있다. 따라서 정부의 자원외교는 (　　　　　　　　　　) 한 가지 방법이 된다.

① 한국의 자원을 세계에 수출하는
② 한국에 부족한 자원을 확보하는
③ 해외에 한국 기업을 진출시키는
④ 한국의 기술력을 세계에 알리는

8. ⏱ _____초

> 　세계적인 스포츠카 회사, 포르쉐가 수년째 벌꿀 사업을 확장하고 있다. 오래전부터 다양한 환경 보호 활동을 펼쳐 온 기업 포르쉐에서 (　　　　　　　　　　) 직접 양봉 시설을 확대하는 것이다. 포르쉐 벌꿀은 기업 취지에 공감한 많은 이들의 인기에 힘입어 시판되자마자 조기 매진이 되었다. 포르쉐 측은 '양봉 시설의 확장은 더 많은 동식물을 보호하고자 하는 노력의 증거'라고 설명했다.

① 제품의 다양화를 통한 수익 창출을 위해
② 멸종 위기에 있는 꿀벌을 보호하기 위해
③ 기업의 친환경적 이미지를 홍보하기 위해
④ 스포츠카 회사의 거친 이미지를 벗기 위해

---

7. 자원외교
[해설] 한국은 부족한 자원을 대부분 해외에서 수입한다. 이때 자원외교가 자원을 공급받는 한 방법이 된다.
[어휘] 수입하다, 소비량, 외교력, 동원하다, 개발, 해당, 광물

8. 양봉 사업
[해설] 동식물 보호에 힘쓰고 있는 기업이 멸종 위기에 있는 꿀벌을 보호하기 위해 양봉사업을 확대하였다.
[어휘] 스포츠카, 벌꿀, 양봉, 공감하다, 시판되다, 매진, 증거, 설명하다

다음 글의 주제로 가장 알맞은 것을 고르십시오.

9.   🕐 ____초

> 합리성보다 사회적 가치를 중시하는 윤리적 소비가 주목받고 있다. 이는 제품을 구매할 때 해당 제품의 생산 과정이 윤리적으로 이뤄졌는지를 고려하는 소비 행위를 말한다. 이러한 움직임은 생산, 제조와 유통 방식에도 변화를 불러왔다. 유기농 공법으로 경작한 친환경 농산물, 노동자의 정당한 권리를 조건으로 이뤄지는 공정 무역 등이 그 예이다. 이는 환경과 취약 노동자뿐만이 아니라 우리 모두에게 이로운 소비 행위라 할 수 있다.

① 윤리적으로 생산된 제품을 구매해야 한다.
② 윤리적 소비는 소비자의 권리를 중요시한다.
③ 윤리적 소비자를 고려한 기업들이 많이 생겨나야 한다.
④ 윤리적 소비는 나 자신만이 아닌 모두를 위한 소비이다.

10.   🕐 ____초

> 치킨은 한국인이 가장 즐겨 찾는 음식 중 하나이다. 이 때문에 치킨값 인상은 사람들의 이목을 집중시키는 이슈가 된다. 최근에는 치킨값 인상에 불만을 품은 소비자들이 해당 업체에 대한 불매운동을 벌였다. 치킨 업체는 가격 인상이 가맹점주들의 이윤을 위해 필요한 일이라고 해명했지만, 소비자들은 광고비, 유통비 등 치킨 업체가 지불해야 할 비용을 소비자에게 떠넘기고 있다고 비난했다.

① 치킨 업체 불매운동에 동참해야 한다.
② 치킨값 인상으로 소비자들이 반발하고 있다.
③ 소비자들은 치킨 업체의 발표를 신뢰해야 한다.
④ 치킨값 인상은 가맹점주의 수익을 위한 것이다.

---

9. 윤리적 소비
해설 윤리적 소비는 환경, 취약 노동자뿐만 아니라 우리 모두를 위한 소비이다.
어휘 합리성, 가치, 중시, 윤리적, 주목받다, 제조, 유기농, 공법, 경작하다, 친환경, 농산물, 노동자, 정당하다, 권리, 조건, 공정 무역, 취약, 이롭다

10. 치킨값 인상
해설 치킨값 인상에 불만을 품은 소비자들이 해당 업체에 대한 불매 운동을 벌였다.
어휘 치킨, 인상, 이목, 이슈, 불매운동, 가맹점, 이윤, 해명하다, 광고비, 지불하다, 떠넘기다, 비난하다

11.

🕐 _____ 초

> 한국은 갈수록 소득 양극화가 심해지고 있으며 이는 다시 내수부진으로 이어져 경기가 침체되는 악순환이 되풀이 되고 있다. 국내 노동 소득 분배율을 보면 이 악순환의 원인을 알 수 있다. 노동 소득 분배율은 국내 총생산(GDP) 중에서 노동자의 임금이 어느 정도인지를 보여 주는 지표를 말한다. 한국은 지난 20년 동안 노동 소득 분배율이 10%p 하락하였다. 이는 기업이 임금이나 일자리 창출에 투자를 하지 않았다는 의미이다.

① 한국의 경기 침체가 갈수록 심화되고 있다.
② 정부와 기업은 하루속히 내수 부양책을 펴야 한다.
③ 노동 소득 분배율은 소득 양극화를 해소하는 방법이다.
④ 기업은 임금을 높이고 일자리를 창출하는 데에 힘써야 한다.

12.

🕐 _____ 초

> 길거리 의류 매장에서 현금 결제 시 할인을 해 준다는 말에 카드 사용을 망설였던 적이 누구나 한 번쯤은 있을 것이다. 보통은 현금 결제가 카드 수수료를 내지 않아도 되기 때문에 상인에게도 좋고, 물건을 싸게 구입할 수도 있어 소비자에게도 이득이라고 여기는 경우가 많다. 그러나 현금 결제를 하면 사업자가 총매출액을 숨길 수 있기 때문에 각종 세금을 피하는 게 가능해진다. 즉 경우에 따라서는 현금 결제가 사업자의 탈세를 돕는 셈이 된다.

① 사업자는 총매출액을 사실대로 신고해야 한다.
② 할인을 명목으로 현금 결제를 유도해서는 안 된다.
③ 현금 결제는 사업자와 소비자에게 모두 이득이 된다.
④ 카드 사용이 탈세 없는 사회 조성에 도움을 줄 수 있다.

---

11. 노동 소득 분배율
해설 노동 소득 분배율이 하락했다는 것은 기업이 임금이나 일자리 창출에 투자를 하지 않았다는 것이다.
어휘 소득 양극화, 내수부진, 경기침체, 악순환, 국내총생산, 지표, 하락하다, 일자리, 창출

12. 카드 결제
해설 카드로 결제하면 사업자의 총매출액을 숨길 수 없기 때문에 탈세를 방지하는 데에 도움이 된다.
어휘 길거리, 결제, 할인, 망설이다, 수수료, 상인, 이득, 총매출액, 숨기다, 각종

단어	영어	중국어	일본어	베트남어
기업 · 경제	Business · Economy	企业 · 经济	企業 · 経済	Doanh nghiệp - kinh tế
1 사업	business	事业、工作	事業	việc kinh doanh
창업	starting a business	创业	創業	việc khởi nghiệp
사업비	business expense	经营费用、事业费	事業資金	chi phí kinh doanh
마케팅	marketing	营销、市场营销	マーケティング	tiếp thị, ma-két-ting
프로젝트	project	项目	プロジェクト	dự án
추진하다	promote	促进、推动	推進する	thúc đẩy
투자	investment	投资	投資	sự đầu tư
방식	system	方式	方式	phương thức, phương pháp
후원	support	支援、后援	後援	sự ủng hộ, sự tài trợ
출시	release	上市	発売	việc đưa ra thị trường
구매	purchase	购买	購買	việc mua hàng hóa
사업자	business owner	企业、企业家	事業者	người kinh doanh, doanh nhân
투자자	investor	投资者	投資者	nhà đầu tư
소비자	consumer	消费者	消費者	người tiêu dùng
2 가상화폐	virtual money	虚拟货币	仮想通貨	tiền ảo
거래되다	be traded	交易、买卖	取引される	được giao dịch
전자화폐	electronic money	电子货币	電子マネー	tiền điện tử
실물	real thing	实物	実物	vật thực
중앙은행	central bank	中央银行	中央銀行	ngân hàng trung ương
생산	production	生产	生産	sự sản xuất, sự chế tạo
보관	storage	保管	保管	sự bảo quản
절감하다	reduce	节俭、节省	節減する	sự cắt giảm
도난	theft	偷盗	盗難	nạn trộm cắp
분실	loss	遗失	紛失	sự thất lạc
위험	danger	危险	危険	sự nguy hiểm
내역	record	明细	内訳	nội dung chi tiết
도박	gambling	赌博	賭博	việc đánh bạc
불법자금	illegal fund	非法资金	違法資金	nguồn tiền phi pháp
세금	tax	税金	税金	thuế
부과되다	be imposed	赋、交、征收	賦課される	bắt phạt, đánh (thuế)
탈세	tax evasion	逃税、漏税	脱税	sự trốn thuế
수단	means	手段、方法	手段	cách thức, phương tiện
3 입주율	occupancy rate	入住率	入居率	tỉ lệ chuyển vào ở
분양하다	sell in lots	销售、出售	分譲する	phân chia, chia ra
거주하다	reside	居住	居住する	cư trú, ở

단어	영어	중국어	일본어	베트남어
비율	ratio	比率	比率、割合	tỉ lệ
세입자	tenant	租房者	賃貸入居者	người thuê nhà
잔금	balance	余额、余款	残金	tiền thừa
대출	loan	贷款	貸出	sự cho thuê, sự cho vay
공급	supply	供给	供給	việc cung cấp
물량	quantity	数量、货量	物量	số lượng đồ vật
관리하다	manage	管理	管理する	quản lí
지적하다	point out	指出、指明	指摘する	chỉ trích
당분간	for a while	目前、暂时	当分の間	tạm thời, trước mắt
현상	phenomenon	现象、状况	現象	hiện tượng
4 소유하다	own	所有	所有する	sở hữu
공유	share	共有	共有、シェア	sự chia sẻ
대안 경제	alternative economy	替代经济	オルタナティブ経済	đề án kinh tế
자원	resource	资源	資源	tài nguyên
아끼다	save	节约、珍惜	惜しむ	tiết kiệm, quý trọng
폐기물	waste	废弃物	廃棄物	rác thải, đồ phế thải
환경보호	environmental protection	环境保护	環境保護	việc bảo vệ môi trường
사회운동	social movement	社会运动	社会運動	phong trào xã hội
추세	trend	趋势	趨勢	xu thế
5 짜다	be stingy	吝啬	けちだ	tạo nên, lập nên
재테크	investment	理财	財テク	biện pháp, cách thức đầu tư
합성어	compound word	合成词	合成語	từ ghép
트렌드	trend	趋势	トレンド	xu hướng
급부상하다	make a meteoric rise	急速上升	急浮上する	nổi lên một cách bất ngờ
불필요하다	be unnecessary	不必要	不必要だ	không cần thiết
재물	wealth	财物、财产	財貨	tài vật, tiền tài
의미하다	mean	意味着、表示	意味する	mang ý nghĩa
일례	example	一个例子	一例	ví dụ
담배	cigarette	烟	タバコ	thuốc lá
갑	pack	盒	箱	bao (thuốc)
소소한	small	细小的	ささやかな	nhỏ nhặt, nhỏ nhoi
6 구직난	lack of employment	就业难	求職難	sự tìm việc khó khăn
극복하다	overcome	克服	克服する	khắc phục
직무	duty, job	职务	職務	chức vụ
재설계	redesign	再设计	再設計	sự tái thiết kế, sự tái thiết lập
전문화	specialization	专业化	専門化	sự chuyên môn hóa

Part 2

주제편

단어	영어	중국어	일본어	베트남어
통합화	integration	集成化	統合化	sự sáp nhập hóa, sự hợp nhất hóa
포함하다	include	包含	含む	bao gồm
반려동물	companion animal	宠物	伴侶動物	thú cưng
이혼	divorce	离婚	離婚	việc li hôn
상담	consulting	商谈、咨询	相談	sự tư vấn
법률	law	法律	法律	pháp luật
조언	advice	建议	助言	lời khuyên, sự khuyên nhủ
요인	factor	要因、主要因素	要因	yếu tố
7 수입하다	import	进口、输入	輸入する	thu nhập
소비량	consumption	消费量	消費量	lượng tiêu thụ
외교력	diplomacy	外交能力	外交力	năng lực ngoại giao
동원하다	mobilize	动员	動員する	huy động
개발	development	开发	開発	sự phát triển
해당	applicable	相关、相应	該当	sự tương ứng
광물	mineral	矿物	鉱物	khoáng chất
8 스포츠카	sports car	跑车	スポーツカー	xe thể thao
벌꿀	honey	蜂蜜	はちみつ	mật ong
양봉	beekeeping	养蜂	養蜂	việc nuôi ong lấy mật
공감하다	feel the same way	共感、有同感	共感する	đồng cảm
시판되다	be marketed	（在市场）销售	市販される	được bán ra thị trường
매진	sold out	售罄、售完	売り切れ	việc hết hàng
증거	evidence	证据	証拠	chứng cứ
설명하다	explain	说明	説明する	giải thích
9 합리성	rationality	合理性	合理性	tính hợp lí
가치	value	价值、意义	価値	giá trị
중시	emphasis	重视	重視	sự coi trọng, sự xem trọng
윤리적	ethical	伦理的	倫理的	mang tính luân lí, đạo đức
주목받다	be noticed	受瞩目、被关注	注目される	nhận được sự chú ý, quan tâm
제조	manufacturing	制造	製造	sự chế tạo, sự sản xuất
유기농	organic	有机农	有機農業	nông nghiệp hữu cơ
공법	method	工法、工艺	方式、工法	phương pháp
경작하다	cultivate	耕种	耕作する	canh tác
친환경	eco-friendly	环保	環境にやさしい	thân thiện với môi trường
농산물	agricultural products	农产品	農産物	nông sản, sản phẩm nông nghiệp
노동자	worker	工人、劳动者	労働者	người lao động

단어	영어	중국어	일본어	베트남어
정당하다	be right	正当、得当	正答だ	chính đáng, thỏa đáng
권리	right	权利	権利	quyền lợi
조건	condition	条件	条件	điều kiện
공정 무역	fair trade	公平贸易	公正貿易	buôn bán công bằng
취약	weak	脆弱	脆弱	sự thấp kém, sự yếu kém
이롭다	be beneficial	有利、有益	利をもたらす	có lợi
10 치킨	chicken	炸鸡	チキン	gà rán
인상	increase	上涨、涨价	引き上げ	ấn tượng
이목	attention	瞩目	耳目	sự quan tâm, chú ý
이슈	issue	焦点、话题	話題、イシュー	vấn đề
불매운동	boycott	抵制购买	不買運動	phong trào tẩy chay hàng hóa
가맹점	franchisee	加盟店	加盟店	đại lí
이윤	profit	利润	利潤	lợi nhuận, lợi ích
해명하다	clarify	阐明、说明	解明する	làm sáng tỏ, giải thích
광고비	advertising costs	广告费	広告費	chi phí quảng cáo
지불하다	pay	支付、付给	支払う	chi trả
떠넘기다	dump	推、转嫁	押しつける	đổ, đẩy, đùn đẩy
비난하다	blame	非难、指责	非難する	chỉ trích, phê phán
11 소득 양극화	income polarization	收入两极化	所得両極化	phân cực hóa thu nhập
내수부진	weak domestic demand	内需疲软、内需不振	内需不振	nhu cầu trong nước yếu
경기침체	economic recession	经济停滞、经济低迷	景気沈滞	đình trệ kinh tế
악순환	vicious circle	恶性循环	悪循環	vòng luẩn quẩn
국내총생산	gross domestic product	国内生产总值	国内総生産	tổng sản phẩm quốc nội
지표	indicator	指标	指標	kim chỉ nam, hình mẫu
하락하다	fall	下落、下降	下落する	giảm xuống, giảm sút
일자리	job	工作、工作岗位	働き口	công việc
창출	creation	创造、创出	創出	sự sáng tạo
12 길거리	street	街、街头	路上	đường phố
결제	payment	结算、结账	決済	sự thanh toán
할인	sale	打折、降价	割引	sự giảm giá
망설이다	hesitate	犹豫、迟疑	ためらう	lưỡng lự, do dự
수수료	fee	手续费	手数料	lệ phí, hoa hồng
상인	shopkeeper	商人	商人	thương nhân
이득	benefit	利益、利润	得	lợi tức
총매출액	total gross	总销售额	総売上額	tổng doanh thu
숨기다	hide	藏、隐藏	隠す	che giấu
각종	various	各种	各種	các loại, các thứ

Point

법과 제도 주제에서는 현재 사회에서 시행되고 있는 법과 제도에 대한 내용뿐만 아니라 개편될 내용에 대한 지문이 출제된다. 법과 제도는 어려운 주제이지만 학습자에게 도움이 되고 학습자가 이해할 수 있는 수준의 글이 출제된다.

1~4 다음을 읽고 내용이 같은 것을 고르십시오.

1.   🕐 ___초

> 최근 승객이 운전 중 의식을 잃은 택시기사를 방치하여 사망하는 사고가 연이어 발생했다. 이후 한 의원은 '착한 사마리아인의 법' 법안을 발의했다. '착한 사마리아인의 법'이란 자신에게 위험이 발생하지 않는다는 것을 알고도 곤경에 처한 사람을 돕지 않으면 처벌할 수 있는 법 제도이다. 이미 프랑스나 독일 등 유럽의 여러 나라에서는 시행되고 있으나 도덕을 법으로 규제할 수 없다는 반대 여론도 만만치 않다.

① 한국에서도 착한 사마리아인 법이 시행되고 있다.

② 타인을 돕다가 위험에 빠졌을 경우 필요한 법이다.

③ 승객에 의해 피해를 본 택시기사들을 보호하는 법이다.

④ 개인의 도덕성을 법으로 심판할 수 없다는 여론도 있다.

2.   🕐 ___초

> 주 52시간 근무제가 적용되고, 기업체 등 일선 현장에서는 다양한 변화가 관찰되었다. 대기업의 경우는 이미 자율출퇴근제, 선택적 근로 시간제를 미리 시행한 터라 큰 혼란이 없었다. 반면에 백화점 등 유통업계 직원들은 근로시간 단축으로 출퇴근 시간이 달라지는 등의 큰 변화가 찾아왔다. 일각에서는 시행 과정에서 부작용이 생길 수 있어 우려의 끈을 놓지 말아야 한다고 보고 있다.

① 52시간 근무제는 근로자들에게 환영받고 있다.

② 대기업의 경우 52시간 근무제가 적용되지 않는다.

③ 근무 시간이 52시간으로 늘어 부작용이 발생하고 있다.

④ 기업별로 52시간 근무제의 반응이 달리 나타나고 있다.

---

1. 착한 사마리아인의 법

해설 도덕을 법으로 규제할 수 없다는 반대 여론도 있다.

어휘 의식을 잃다, 방치하다, 연이어, 의원, 법안, 발의하다, 곤경에 처하다, 처벌하다, 시행되다, 도덕, 규제하다, 여론

2. 주 52시간 근무제

해설 주 52시간 근무제 도입 후 대기업의 경우 혼란이 없으나 백화점 등 유통업계 직원들은 큰 변화를 겪게 되었다.

어휘 일선, 현장, 자율출퇴근제, 혼란, 유통업계, 근로시간, 단축, 일각, 끈

3. ⏱ _____초

> 생활임금제는 노동자와 그 가족의 인간적인 생활을 보장하기 위해 주거, 교육, 문화비 등을 고려한 임금을 지급하는 제도를 말한다. 이 제도는 정부가 노동자 개인의 생활 안정을 위해 저임금 노동자의 임금 수준을 책정하여 강제하는 최저임금제보다 임금 수준이 높다. 생활임금제는 지난 2013년 1월 서울시 성북구를 시작으로 현재 243개 광역·기초단체 중 63곳에서 시행하고 있다.

① 최저임금제가 생활임금제보다 높게 책정된다.
② 생활임금제는 근로자 가족의 생활까지 고려한 임금제이다.
③ 광역·기초단체 중에는 생활임금제를 시행하는 곳이 더 많다.
④ 생활임금제와 최저임금제는 정부에서 정한대로 시행해야 한다.

4. ⏱ _____초

> 고용노동부는 각 지역에 집중된 기업 특성에 맞는 근로자 건강센터를 추가로 설립하기로 했다. 이러한 시설은 설치 지역의 산업 특성과 업종의 규모, 취약 노동자 분포 등을 고려해 더욱 특성화된 형태로 운영되고 전문의, 상담심리사 등이 상주해 각종 직업병을 앓고 있는 노동자에게 직업 건강 서비스를 제공한다. 감정 노동자가 많은 서비스업 집중지역에는 감정 노동 관리 전문센터가 설립된다.

① 근로자 건강센터는 근로자에게 직업 건강 서비스를 제공하는 곳이다.
② 근로자 건강센터는 각 지역에 취약한 산업을 활성화하기 위한 기관이다.
③ 근로자 건강센터는 각 지역에 감정 노동 관리 전문센터 설립을 추진하고 있다.
④ 근로자 건강센터는 기업에 전문의나 상담심리사 등을 파견해 서비스를 제공한다.

3. 생활임금제
해설 생활임금제는 노동자와 그 가족의 인간적인 생활을 고려한 임금제이다.
어휘 보장하다, 주거, 문화비, 저임금, 책정하다, 강제하다, 최저임금제, 광역·기초단체

4. 근로자 건강센터
해설 근로자 건강센터는 근로자의 특성에 맞는 직업 건강 서비스를 제공하기 위해 설립되었다.
어휘 고용노동부, 감정 노동, 추가, 업종, 분포, 특성화, 전문의, 상담심리사, 상주하다, 직업병, 제공하다

5.　　　　　　　　　　　　　　　　　　　　　　　　　　　　　　　🕐 ＿＿＿초

　　법무부의 출입국관리사무소가 60년 만에 출입국ㆍ외국인청과 출입국ㆍ외국인사무소로 변경되었다. 이는 그동안 체류 외국인 수가 지속적으로 증가하면서 기존 업무에 체류 관리, 사회통합, 국적 업무, 난민 업무 등을 수용하는 데에 한계가 있었기 때문이다. 또한 '관리'라는 표현으로 인해 (　　　　　　　　　) 부정적인 이미지가 있어 이를 명칭에서 제외했다.

① 탁상행정을 한다는

② 사회통합에 기여하지 못한다는

③ 대외 활동에 지나치게 치중한다는

④ 외국인을 관리의 대상으로 보고 있다는

6.　　　　　　　　　　　　　　　　　　　　　　　　　　　　　　　🕐 ＿＿＿초

　　사전 투표일이나 선거 당일에 투표를 마친 사람들이 투표 인증샷을 SNS에 올리는 경우가 많다. 그러나 (　　　　　　　　　) 경우에 따라 '투표소 질서 유지법'에 의해 처벌받을 수 있다. 투표 인증샷은 투표소 밖에서 찍는 것이 원칙이다. 이때 손가락으로 지지 후보나 정당을 밝혀도 무방하다. 또한 투표지를 촬영하는 것은 원칙적으로 금지되어 있으나 기표가 되지 않은 투표지 촬영은 처벌받지 않는다.

① 투표지를 촬영했다가는

② 선거법을 모르고 투표하면

③ 특정 정당이나 후보를 지지하면

④ 투표 인증샷을 함부로 찍었다가는

---

5. 출입국관리사무소

해설 '관리'라는 표현으로 인해 외국인을 관리하는 곳이라는 부정적인 이미지가 있었다.

어휘 법무부, 변경, 체류, 관리, 사회통합, 난민, 지속적으로, 수용하다, 한계, 명칭, 제외하다

6. 투표 인증샷

해설 투표 인증샷을 잘못 찍어 올렸다가는 처벌받을 수 있다.

어휘 사전, 투표, 선거, 당일, 마치다, 인증샷, 올리다, 질서, 투표소, 원칙, 손가락, 지지하다, 후보, 정당, 밝히다, 무방하다, 투표지, 기표

　　공공장소에서 반려견이 행인을 물어 피해를 주는 사례가 증가하면서 관련법을 개정하고 처벌을 강화해 달라는 국민청원이 잇따르고 있다. 현재 반려동물과 외출 시에는 목줄을 채우고 맹견의 경우 입마개를 채워야 한다고 법에 규정되어 있으나, 이에 대한 처벌이 약해 실효성이 없다는 것이다. 이 때문에 반려견으로 인해 발생한 피해에 대해서는 (　　　　　　　　　　) 평소 반려견 관리에 주의할 것이라는 주장이다.

① 지자체가 보상해야
② 동물보호단체가 나서야
③ 동물보호법이 개정되어야
④ 주인에게 책임을 엄중히 물어야

　　성폭력 범죄나 아동과 장애인을 대상으로 한 범죄의 경우 제대로 된 조사 자체가 힘들다. 피해자가 조사를 꺼리거나 어려워하는 경우가 많기 때문이다. 또한 피해자가 여성인 경우 남성 경찰관의 조사를 불편하게 여길 수도 있다. 이때 (　　　　　　　　　) 진술 조력인 제도가 있다. 진술 조력인들은 피해자가 심리적으로 안정된 상태에서 조사를 할 수 있도록 도움을 주고, 언어가 아닌 다른 방식으로 표현하는 경우 이를 해석하고 전달하는 역할을 한다.

① 피해자를 보호하는
② 피해자의 조사와 진술을 돕는
③ 피해자에게 조사 절차를 설명해 주는
④ 피해자를 적절한 조사기관으로 연계하는

Part 2

주제편

---

7. 반려견 안전사고 처벌 강화
[해설] 반려동물로 인해 안전사고가 발생할 경우 반려동물 주인에 대한 처벌을 강화해야 한다고 말하고 있다.
[어휘] 공공장소, 반려견, 행인, 물다, 사례, 관련법, 개정하다, 강화하다, 국민청원, 잇따르다, 외출, 목줄, 채우다, 맹견, 입마개, 규정, 실효성

8. 진술 조력자 제도
[해설] 피해자가 심리적인 안정을 취해 조사와 진술에 응할 수 있도록 돕는 제도이다.
[어휘] 성폭력, 아동, 장애인, 제대로, 자체, 피해자, 꺼리다, 진술, 조력인, 해석하다

9~12 다음 글의 주제로 가장 알맞은 것을 고르십시오.

9. 🕐 ____초

> 어린이들의 교통사고 예방을 위해 어린이집, 유치원, 학원, 초등학교 등의 주변 도로를 어린이 보호구역으로 지정하는 경우가 있다. 이 어린이 보호구역에서는 통행속도를 시속 30킬로미터 이내로 제한할 수 있다. 또한 이 장소에서 교통법규를 위반할 때에는 일반 도로에서 교통법규를 위반할 때보다 두 배나 많은 범칙금과 벌점이 부과된다. 하지만 이러한 제약보다 아이들의 안전을 생각하는 운전자의 인식이 더 중요하다.

① 학교 앞 속도 제한 구역을 확대 지정해야 한다.
② 아이들에게 안전 교육을 하는 것이 가장 중요하다.
③ 아이들의 교통사고를 예방하기 위해서는 운전자의 주의가 필요하다.
④ 학교 앞 교통법규 위반 시에는 더 많은 범칙금과 벌점을 부과해야 한다.

10. 🕐 ____초

> 경찰이나 소방관들은 직무 집행 중 인명이나 재산에 손실을 입히게 되는 경우가 종종 생기는데 이때 발생한 손실에 대한 책임은 모두 해당 경찰과 소방관이 져야 한다. 이 때문에 경찰과 소방관은 직무를 집행하는 과정에서 위축되거나 직무 후 피해 보상 절차를 진행하면서 곤란을 겪기도 한다. 최근 현장 경찰과 소방관들의 정당한 직무집행 및 구조 활동을 보장해야 한다는 여론이 높아지고 있는 만큼 이에 관한 규제를 정비해야 한다.

① 경찰과 소방관은 사람들이 기피하는 직업이다.
② 사고 처리 시 발생한 피해는 개인이 처리해야 한다.
③ 경찰과 소방관의 정당한 직무 집행을 보장하는 제도가 필요하다.
④ 경찰과 소방관은 직무 시 일반인에게 폐를 끼치지 않도록 주의해야 한다.

---

9. 어린이 보호구역
해설 아이들의 교통사고를 예방하기 위해서는 운전자가 주의해서 운전을 해야 한다.
어휘 지정하다, 통행속도, 시속, 이내, 제한하다, 교통법규, 위반하다, 범칙금, 벌점, 제약

10. 공권력 집행
해설 경찰과 소방관들이 직무 집행 시 위축되지 않도록 제도의 보완이 필요하다.
어휘 집행, 인명, 재산, 손실, 종종, 위축되다, 보상, 절차, 곤란, 구조하다, 정비하다

11. ⏱ _____초

> 인구 5만 명의 이탈리아 베네치아는 연간 2500만 명의 관광객이 찾아든다. 그러나 최근 밀려드는 관광객 때문에 온전한 생활이 어려워진 거주민들이 관광객을 거부하고 나섰다. 이러한 현상을 '투어리즘 포비아(Tourism Phobia)'라고 한다. 한국의 크고 작은 관광지에서도 관광객으로 인한 쓰레기, 교통 혼잡, 소음 등이 문제로 떠오르고 있다. 이를 해결하기 위해서는 관광객 분산 및 제한, 관광세 도입 등이 필요하다.

① 관광객 거부로 관광업 종사자들이 반발하고 있다.
② 관광지와 거주민을 지키기 위한 다양한 제도가 필요하다.
③ 거주민과 관광객이 함께 할 수 있는 프로그램을 개발해야 한다.
④ 유명 관광지들이 관광객이 버리고 간 쓰레기로 몸살을 앓고 있다.

12. ⏱ _____초

> 어린이의 출입을 금지하는 노키즈존(No Kids Zone)의 증가에 어린 자녀를 둔 부모들이 불편한 기색을 감추지 못하고 있다. 반면 사업주들은 아이들로 인해 다른 고객들이 불편을 겪어 어쩔 수 없는 조치였다고 말한다. 그러나 노키즈존은 성별, 종교, 나이 등을 이유로 차별할 수 없다는 '평등권'에 위배된다. 아이들로 인해 타인에게 피해를 주지 않도록 부모들도 주의해야 하지만, 우리 사회가 아이들의 특성을 포용하지 못할 정도로 삭막해져 가는 것은 아닐지 생각해 봐야 한다.

① 사업주는 노키즈존을 선택할 영업의 자유가 있다.
② 노키즈존의 증가는 결국 부모들 탓이라 할 수 있다.
③ 타인을 배려할 수 있도록 아이들을 교육해야 한다.
④ 아이들의 특성을 포용할 수 있는 사회가 되어야 한다.

11. 투어리즘 포비아
해설 관광객들로 인해 관광지와 주민들이 피해를 보고 있으므로 이를 해결하기 위한 다양한 제도가 필요하다.
어휘 밀려들다, 온전하다, 거주민, 거부하다, 혼잡, 분산, 관광세, 도입

12. 노키즈존
해설 부모의 책임도 중요하지만 아이들의 특성을 이해하고 포용할 수 있는 사회가 조성되어야 한다.
어휘 기색, 조치, 평등권, 위배, 포용하다, 삭막해지다

단어	영어	중국어	일본어	베트남어
법과 제도	Law and System	法律制度	法と制度	Luật và chế độ
1 의식을 잃다	lose consciousness	失去意识	意識を失う	mất ý thức
방치하다	neglect	弃置、放置	放置する	bỏ mặc, mặc kệ
연이어	successively	接连、连续	相次いで	liên tục, liên tiếp
의원	lawmaker	议员	議員	nghị sĩ
법안	bill	法案	法案	dự thảo luật
발의하다	initiate	提议、提出议案	発議する	đề xuất ý kiến
곤경에 처하다	be in trouble	处于困境	困難に直面する	đối mặt với tình thế khó khăn
처벌하다	punish	处罚	処罰する	xử phạt,phạt
시행되다	be enforced	施行、实施	施行される	được thi hành, có hiệu lực
도덕	morality	道德	道徳	đạo đức
규제하다	regulate	管制、约束	規制する	làm theo quy chế
여론	public opinion	舆论	世論	dư luận
2 일선	front	一线	一線	tiền tuyến, tuyến đầu
현장	field	现场	現場	hiện trường
자율출퇴근제	flexitime	自律上下班制	フレックスタイム制	chế độ đi làm tự do
혼란	confusion	混乱	混乱	sự hỗn loạn
유통업계	distribution industry	流通业界	流通業界	ngành công nghiệp phân phối, lưu thông
근로시간	working hours	劳动时间、工作时间	労働時間	thời gian lao động
단축	shortening	缩减、缩短	短縮	sự rút ngắn, sự thu nhỏ
일각	some say	一角、片面	一角	một khắc, khoảnh khắc
끈	tenacity	表示某种情感的持续	手綱、ひも	sợi dây
3 보장하다	guarantee	保障	保障する	bảo đảm
주거	residence	居住	住居	nơi cư trú
문화비	culture expenses	文教费	文化費	chi phí cho văn hóa
저임금	low wage	低工资、低收入	低賃金	lương thấp
책정하다	set, fix	策划确定	策定する	xác định
강제하다	force	强制	強制する	cưỡng chế, ép buộc
최저임금제	minimum wage system	最低工资制	最低賃金制	chế độ tiền lương tối thiểu
광역·기초단체	metropolitan·local council	广域地方自治团体	広域・基礎自治体	các tỉnh, thành phố lớn
4 고용노동부	Ministry of Employment and Labor	雇佣劳动部	雇用労働部（厚生労働省）	Bộ Lao động
감정 노동	emotional labor	情绪劳动	感情労働	lao động cảm xúc
추가	extra	追加	追加	sự thêm vào

단어	영어	중국어	일본어	베트남어
업종	business type	行业、业种	業種	ngành nghề
분포	distribution	分布	分布	sự phân bố
특성화	specialization	特性化	特性化	sự đặc tính hóa
전문의	specialist	专科医生	専門医	bác sĩ chuyên khoa
심리상담사	psychologist	心理咨询师	心理相談士	nhà tư vấn tâm lí
상주하다	reside	常驻	常駐する	thường trú
직업병	occupational disease	职业病	職業病	bệnh nghề nghiệp
제공하다	provide	提供	提供する	cung cấp
5 법무부	Ministry of Justice	法务部	法務部（法務省）	Bộ Tư pháp
변경	change	变更	変更	sự thay đổi
체류	stay	滞留	在留	sự lưu trú
관리	control	管理	管理	sự quản lí
사회통합	social integration	社会统合、社会一体化	社会統合	sự hòa nhập xã hội
난민	refugee	难民	難民	người bị nạn, dân nghèo
지속적으로	continuously	持续的	持続的に	mang tính liên tục
수용하다	embrace	收容	受容する	tiếp nhận, tiếp thu
한계	limit	界限	限界	giới hạn
명칭	name, title	名称	名称	danh xưng, tên gọi
제외하다	exclude	除外	除外する	ngoại trừ
6 사전	in advance	事前、事先	事前	từ điển
투표	vote	投票	投票	việc bỏ phiếu
선거	election	选举	選挙	bầu cử
당일	the day	当日	当日	ngày hôm đó
마치다	finish	结束	終える	kết thúc
인증샷	selfie as proof	认证照	証拠写真	ảnh xác nhận, ảnh minh chứng
올리다	post	上传	アップする、上げる	nâng lên, đưa lên
질서	order	秩序	秩序	trật tự
투표소	polling place	投票站	投票所	nơi bỏ phiếu
원칙	rule	原则	原則	nguyên tắc
손가락	finger	手指	指	ngón tay
지지하다	support	支持	支持する	hỗ trợ
후보	candidate	候选人	候補	ứng cử viên
정당	party	政党	政党	chính đảng
밝히다	clarify	宣布、公布	明らかにする	làm sáng tỏ
무방하다	be fine	无妨	差し支えない	không liên quan, vô hại
투표지	ballot	选票	投票用紙	lá phiếu

	단어	영어	중국어	일본어	베트남어
	기표	filling in a ballot	计票	（投票用紙の）記入	sự bỏ phiếu
7	공공장소	public place	公共场所	公共の場所	địa điểm công cộng
	반려견	pet dog	宠物犬	伴侶犬	chó cưng nuôi trong nhà
	행인	passerby	行人	通行人	khách bộ hành, người qua lại
	물다	bite	咬	かむ	cắn, đốt
	사례	case	事例	事例	ví dụ cụ thể
	관련법	related law	相关法律	関連法	luật liên quan
	개정하다	revise	修改、修订	改正する	sửa đổi, điều chỉnh
	강화하다	reinforce	强化	強化する	tăng cường, đẩy mạnh
	국민청원	national petition	国民请愿	国民請願	ước nguyện, thỉnh cầu của nhân dân
	잇따르다	follow one after another	接二连三、屡屡	相次ぐ	tiếp nối, liên tiếp
	외출	going out	外出	外出	việc ra ngoài
	목줄	leash	狗链	リード	dây buộc ở cổ
	채우다	put on	戴	はめる	vặn, siết
	맹견	fierce dog	猛犬	猛犬	con chó hung dữ
	입마개	muzzle	嘴套	口枷	cái rọ mõm
	규정	rule	规定	規定	quy định
	실효성	effectiveness	实效性	実効性	tính hiệu quả
8	성폭력	sexual violence	性暴力	性暴力	bạo lực tình dục
	아동	child	儿童	児童	trẻ em
	장애인	the disabled	残疾人	障害者	người khuyết tật
	제대로	properly	好好、清楚	ちゃんとした	một cách tử tế, một cách đúng đắn
	자체	itself	本身	自体	tự bản thân
	피해자	victim	被害者	被害者	người bị hại
	꺼리다	be reluctant	忌讳、回避	嫌がる	ngần ngại, e ngại
	진술	statement	陈述、供词	陳述	sự trần thuật, sự trình bày
	조력인	assistant	协助人	サポーター、支援者	người giúp đỡ, người trợ giúp
	해석하다	interpret	解释	解釈する	phân tích, lí giải
9	지정하다	designate	指定	指定する	chỉ định
	통행속도	travel speed	通行速度	通行速度	tốc độ di chuyển
	시속	speed per hour	时速	時速	tốc độ mỗi giờ
	이내	within	以内	以内	trong vòng
	제한하다	restrict	限制、控制	制限する	giới hạn
	교통법규	traffic regulations	交通法规	交通法規	luật giao thông

단어	영어	중국어	일본어	베트남어
위반하다	violate	违反	違反する	vi phạm
범칙금	penalty	违章罚款	反則金	tiền phạt phạm luật giao thông
벌점	penalty points	扣分、罚分	違反点数	điểm phạt, điểm trừ
제약	restriction	制约、限制	制約	giới hạn, quy định
10 집행	execution	执行	執行	sự thi hành, sự thực thi
인명	life	人命、性命	人命	sự sống của con người
재산	property	财产	財産	tài sản
손실	loss	损失	損失	sự thiệt hại
종종	often	常常、时常	往々、時々	thường thường
위축되다	be daunted	畏缩、畏怯	萎縮する	co lại, thu nhỏ lại
보상	compensation	补偿	補償	sự bồi thường
절차	step	程序、顺序	手続き	quy trình, giai đoạn
곤란	difficulty	困难、为难	困難	sự khó khăn, sự trở ngại
구조하다	rescue	救助、救援	救助する	cứu trợ
정비하다	modify	整改、完善	整備する	tổ chức lại, bảo dưỡng
11 밀려들다	crowd, flood	涌入、涌来	押し寄せる	bị dồn vào, bị ùa vào
온전하다	be sound	正常、好端端	正常な、まともな	nguyên vẹn, lành lặn
거주민	resident	居民、住户	地域住民	người dân sinh sống
거부하다	refuse	拒绝	拒否する	từ chối, khước từ
혼잡	confusion	混杂、混乱	混雑	sự hỗn tạp
분산	dispersion	分散	分散	sự phân tán
관광세	tourist tax	观光税	観光税	thuế du lịch
도입	introduction	引进、引入	導入	sự du nhập, sự đưa vào
12 기색	expression	气色、神情	表情	khí sắc, sắc mặt
조치	measure	措施	措置	biện pháp
평등권	equal rights	平等权	平等権	quyền bình đẳng
위배	violation	违背、违反	違背	sự vi phạm
포용하다	embrace	包容	包容する、受け入れる	bao dung
삭막해지다	become heartless	变得漠然、冷酷	殺伐となる	trở nên hoang vắng, quạnh quẽ

Point

문학 주제에서는 근·현대 문학(소설, 수필 등) 중 일부분이 출제되는데 지문으로 제시된 부분을 충분히 파악하여 문제를 풀 수 있어야 한다. 내용을 파악함은 물론이고 작품 속 인물의 심정이나 태도 또한 유추해 낼 수 있어야 한다.

1~2 다음을 읽고 물음에 답하십시오.

우리 가족은 신도시에 산다. 엄마는 언덕 아래로 끝없이 이어진 아파트들을 보며 저렇게 많은 아파트마다 다 임자가 있다는 게 신기하다고 했다. 하지만 그렇게 많은 아파트로도 아직 부족한 모양이다. 낡은 주택으로 가득한 언덕 꼭대기 우리 동네에도 얼마 있으면 아파트 단지가 들어선다는 소문이다.

나는 아파트가 들어서기 전에 이 동네가 어땠다는 아버지 얘기가 가장 듣기 싫다. 옛날에 샛강에서 고기 잡고 뒷산에 올라서 나무 열매 따던 일이 <u>뭐 그리 대단한 거라고 걸핏하면 그 얘길 꺼내는지 모르겠다.</u> 아버지 말로는 이 동네에서 태어나고 자랐으니 아마 아버지가 지금 여기 사는 누구보다 오래 살았을 거라는 거다. 오래 살았다고 해서 꼭 잘 산다는 법은 없다. 큰 평수 아파트가 득실대는 우리 동네에서도 우리 집은 가장 좁은 임대 아파트였다. 그것도 아버지가 교통사고를 내기 전 일이지만.

1. 밑줄 친 부분에 나타난 나의 태도로 알맞은 것을 고르십시오.
   ① 괘씸하다
   ② 짜증나다
   ③ 의심스럽다
   ④ 자랑스럽다

2. 이 글의 내용과 같은 것을 고르십시오.
   ① 우리 가족은 남부럽지 않게 살고 있다.
   ② 우리 가족은 지금 임대 아파트에 살고 있다.
   ③ 우리 동네에는 계속해서 아파트가 들어서고 있다.
   ④ 아버지가 교통사고를 낸 후에 이 동네로 이사 왔다.

최나미, 턱수염
어휘 신도시, 언덕, 임자, 낡다, 가득하다, 꼭대기, 들어서다, 소문, 샛강, 열매, 따다, 걸핏하면, 꺼내다, 평수, 득실대다, 임대

1.
해설 나는 아버지의 옛날 얘기가 듣기 싫다고 했으므로 '짜증나다'가 적합하다.
2.
해설 언덕 아래에 끝없이 이어진 아파트가 있고 언덕 위 동네에도 얼마 있으면 아파트 단지가 들어선다는 소문이 있다.

> 만약 경희의 행방을 모르는 대로 B와 다시 만났던들 그렇게 내 머릿속이 뒤엉클어지지는 않았을 것이다. 내가 새로 전속되어 오던 날 부대장에게 신고를 하고 나오던 길에 복도에서 B를 만났다. 서로 생사를 모르다가 기적같이 처음 맞닿은 이 순간, <u>나는 함성을 올리며 B의 손을 덥석 잡았다.</u> 그러나 B의 표정 속에는 사선을 넘어온 인간의 담박한 반가움보다는 멋쩍고 어쩔 줄 모르는 머뭇거림이 나에게 열적게 감득되었다. 실로 몇 해만인가! 허탈한 감격밖에 없을 이 순간에 B는 무엇인가 복잡한 생각에 휩싸이는 눈초리를 감추려는 당황함이 엿보이게 하고 있다.

3. 밑줄 친 부분에 나타난 나의 기분으로 알맞은 것을 고르십시오.
   ① 반갑다　　　　　　　　　② 두렵다
   ③ 불편하다　　　　　　　　④ 허탈하다

4. 이 글의 내용과 같은 것을 고르십시오.
   ① B는 나를 보고 매우 불편해하고 있다.
   ② 나는 경희를 찾지 못한 상태로 B를 만났다.
   ③ B는 죽을 고비를 넘기고 몇 년 만에 나를 만났다.
   ④ 나와 B는 반가움에 손을 잡고 감격의 눈물을 흘렸다.

전광용, 사수
어휘 행방, 뒤엉클어지다, 전속되다, 부대장, 신고, 복도, 생사, 기적, 맞닿다, 함성, 덥석, 사선, 담박하다, 멋쩍다, 머뭇거림, 열없다, 감득되다, 실로, 허탈하다, 감격, 휩싸이다, 눈초리, 엿보이다.

3.
해설 서로 죽었는지 살았는지도 모르다가 기적처럼 B를 만나서 손을 덥석 잡으며 반가워하고 있다.
4.
해설 B가 사선을 넘었다는 것은 죽을 고비를 넘겼다는 뜻이다. "실로 몇 해만인가!"를 통해 몇 년만에 만났음을 알 수 있다.

5~6 다음을 읽고 물음에 답하십시오.

> "아유 가려, 으응, 응······"
> 어깨를 들먹이며 울던 길순이는 언뜻 손으로 입을 가렸다. 봉자가 장딴지를 벅벅 긁어대며 잠꼬대를 한 것이다. 가지가지 염색 물감에 절어 만성 습진을 앓는 다리가 잠결에도 가려운 모양이었다. 길순이는 울음을 추스르며 숨을 죽였다. 봉자가 돌아누우며 긁어대던 다리를 분옥이의 허리에다 걸쳤다. 순간 길순이의 가슴은 <u>유리그릇을 놓쳐버린 때처럼 찡 얼어붙었다.</u> 저 지경이 되면 유독 잠귀가 빠른 분옥이가 가만히 있을 리가 없다. 운 것을 들켜서는 안 된다. 길순이는 서둘러 누울 자리를 찾았다. 그러나 몸을 바로하고서야 셋이 겨우 누울 수 있는 비좁은 방, 봉자가 이미 멋대로 팔다리를 내뻗어버린 다음이라 쪼그리고라도 누울 자리는 없었다.

5. 밑줄 친 부분에 나타난 길순이의 심정으로 알맞은 것을 고르십시오.
   ① 긴장하다
   ② 한심하다
   ③ 어이없다
   ④ 분노하다

6. 이 글의 내용과 같은 것을 고르십시오.
   ① 길순이는 만성 습진을 앓고 있다.
   ② 분옥이는 봉자 때문에 잠에서 깼다.
   ③ 길순이는 서둘러 다리를 뻗고 누웠다.
   ④ 길순이는 울음을 들키지 않으려고 했다.

조정래, 동맥

어휘 들먹이다, 언뜻, 장딴지, 벅벅, 긁다, 잠꼬대, 가지가지, 염색, 물감, 절다, 만성, 습진, 잠결, 가렵다, 추스르다, 걸치다, 지경, 유독, 잠귀, 들키다, 서두르다, 멋대로, 내뻗다, 쪼그리다

5.
해설 길순이는 분옥이가 잠에서 깨어 자신이 울음을 알게 될까 봐 긴장했다.
6.
해설 길순이는 울음을 들키지 않으려고 손으로 입을 가리고 울음을 추스렸다.

다음을 읽고 물음에 답하십시오.

> "온 식구 굶겨가면서 대학까지 나온 처녀가 출근할 때 입고 갈 옷 하나가 없어가지고 지랄이야. 당장에 땅
> 전 한 푼 못 받고 전셋집 쫓겨날 판인 언니한테까지 손 벌리고 자빠졌어."
> 그러자 그의 아내가 그의 얼굴을 물끄러미 쳐다본다. 이 사람이 지금 내가 한 말을 알아들은 건가. 그는
> 생각일 뿐이라고 고개를 흔든다. 그렇지만 그의 아내의 눈에는 눈물이 고이기 시작한다. <u>그는 아차 싶지만
> 무를 수가 없다.</u> 아내의 입에서 나오는 말은 자신의 볼 위에 굴러내리는 눈물처럼 분명하다.
> "(중략)··· 그래, 윤이랑 엄마 오지 말라고 할게. 우리가 당장 땅전 하나 없이 집에서 쫓겨나게 생겼다고."

7. 밑줄 친 부분에 나타난 나의 심정으로 알맞은 것을 고르십시오.

① 어색하다   ② 후회스럽다

③ 허무하다   ④ 원망스럽다

8. 이 글의 내용과 같은 것을 고르십시오.

① 우리는 장모와 함께 산다.

② 처제는 전셋집에서 쫓겨날 상황이다.

③ 아내는 내 말을 듣고 마음에 상처를 받았다.

④ 나는 아내가 들을 수 있도록 일부러 처제를 비난했다.

성석제, 참말로 좋은 날

어휘 굶기다, 처녀, 지랄, 당장, 땅전, 푼, 쫓겨나다, 판, 물끄러
미, 고개, 고이다, 아차, 무르다, 볼, 분명하다

7.

해설 '아차'는 무엇이 잘못된 것을 갑자기 깨달았을 때 쓰는 표
현이므로 후회하고 있다는 것을 알 수 있다.

8.

해설 아내는 내 말에 상처를 받아서 눈물을 흘린 것이다.

다음을 읽고 물음에 답하십시오.

> "놀기만 좋아하고……. 공부는 언제 하려고 그래. 그렇게 빈둥대면 대학문이 저절로 열린다던? 끼리끼리 어울려 전자오락실 같은 데나 다니다 불량배가 되고 건달패가 되어 끝내는 인생 낙오자가 되는 거야."
>
> "왜 그렇게 앞질러 생각하세요? 잠깐 친구랑 약속이 있어 나가 인생 낙오자가 된다는건 지나친 비약이 아니에요?"
>
> "하나를 보면 열을 알아. 난 상상력이 풍부해서 네 언행 하나하나에서도 네가 앞으로 살아갈 길이 훤히 보인다. 장차 어떤 인간이 되려고 사사건건 부모 말을 어기느냐."
>
> "소설 읽으세요? 제 일은 제가 알아서 하니 염려 마세요."
>
> <u>아들이 픽 웃었다.</u> 아내가 아무리 처녀 시절 한때 소설가 지망생이었고 지금도 소설 읽기가 유일한 취미라곤 하지만 상상이나 비약은 지나친 바 있다.

9. 밑줄 친 부분에 나타난 아들의 심정으로 알맞은 것을 고르십시오.

① 행복하다   ② 만족하다

③ 어이없다   ④ 안도하다

10. 이 글의 내용과 같은 것을 고르십시오.

① 아내는 소설가이다.

② 아들은 대학에 다니고 있다.

③ 아들은 엄마를 닮아서 상상력이 풍부하다.

④ 아내는 아들이 공부를 열심히 하지 않는 것이 불만이다.

오정희, 아내의 가을

어휘   빈둥대다, 저절로, 끼리끼리, 전자오락실, 불량배, 건달패, 낙오자, 앞지르다, 지나치다, 비약, 풍부하다, 언행, 훤히, 사사건건, 염려하다, 픽, 처녀, 지망생, 유일하다

9.

해설   엄마가 자신을 비약하여 말하는 것을 듣고 아들이 어이없어하는 상황이다.

10.

해설   "놀기만 좋아하고 공부는 언제 하려고 그래" 이 부분에서 엄마가 아들을 어떻게 생각하고 있는지 알 수 있다.

저쪽 출찰구로 밀려가는 사람의 물결 속에, 두 개의 지팡이를 의지하고 절룩거리면서 걸어 나가는 상이 군인이 있었으나, 만도는 그 사람에게 주의를 기울이지는 않았다. 기차에서 내릴 사람은 모두 내렸는가 보다. 이제 미처 차에 오르지 못한 사람들이 플랫폼을 이리저리 서성거리고 있을 뿐인 것이다. 그놈이 거짓으로 편지를 띄웠을 리는 없을 건데… 만도는 자꾸 가슴이 떨렸다, 이상한 일이다, 하고 있을 때였다. 분명히 뒤에서,

"아부지!"

부르는 소리가 들렸다. 만도는 깜작 놀라며, 얼른 뒤를 돌아보았다. 그 순간, 만도의 두 눈은 무섭도록 크게 떠지고 입은 딱 벌어졌다. 틀림없는 아들이었으나, 옛날과 같은 진수는 아니었다. 양쪽 겨드랑이에 지팡이를 끼고 서 있는데, 스쳐 가는 바람결에 한쪽 바짓가랑이 펄럭거리는 것이 아닌가.

11. 밑줄 친 부분에 나타난 만도의 태도로 알맞은 것을 고르십시오.

① 무례하다   ② 점잖다

③ 비겁하다   ④ 놀라다

12. 이 글의 내용과 같은 것을 고르십시오.

① 아들은 나타나지 않았다.

② 아들은 거짓으로 편지를 띄웠다.

③ 아들은 지팡이에 의지한 상이군인이었다.

④ 아들은 아버지를 만나기 위해 마중 나왔다.

하근찬, 수난이대
어휘 출찰구, 밀려가다, 물결, 지팡이, 의지하다, 절룩거리다, 상이군인, 기울이다, 플랫폼, 서성거리다, 떨리다, 얼른, 순간, 떠지다, 벌어지다, 틀림없다, 겨드랑이, 바람결, 바짓가랑이, 펄럭거리다

11.
해설 만도는 한 쪽 다리를 잃은 아들의 모습을 보고 매우 놀랐다.

12.
해설 아들은 전쟁에서 한 쪽 다리를 잃은 상이군인이다.

단어		영어	중국어	일본어	베트남어
	문학	Literature	文学	文学	Văn học
1	신도시	new town	新都市	新都市	thành phố mới, đô thị mới
	언덕	hill	坡	丘	đồi
	임자	owner	主人	持ち主	chủ nhà, chủ sở hữu
	낡다	be old	陈旧	古びる	cũ
	가득하다	be full	满	満ちる	đầy, đầy tràn
	꼭대기	top	顶端	頂	đỉnh
	들어서다	go up, be built	进入	立ち入る	bước vào
	소문	rumor	传闻	うわさ	tin đồn
	샛강	creek, river	汉港	川の支流	nhánh sông
	열매	fruit	果实	実	quả
	따다	pick	采摘	摘む	hái
	걸핏하면	frequently	动不动就	ともすれば	động một chút là, hễ… là lại
	꺼내다	bring up	取出	取り出す	rút ra, lôi ra
	평수	floor space	坪数	平水	diện tích (tính bằng pyeong - đơn vị tính của Hàn)
	득실대다	be swarmed	错落	もぞもぞする	bu lại, xúm lại
	임대	rental	租赁	賃貸	sự cho thuê
3	행방	whereabouts	去向、下落	行方	hành tung, tung tích
	뒤엉클어지다	get tangled	乱成一团、错综复杂	こんがらかる	trở nên rối tung, rối bời
	전속되다	be transferred	调任、调职	転属になる	bị chuyển đi, bị dời đi
	부대장	commanding officer	部队长、部队首长	部隊長	trưởng phòng, trưởng bộ phận
	신고	report	报告、申报	申告	sự khai báo, sự báo cáo
	복도	hallway	走廊、过道	廊下	hành lang
	생사	life and death	生死	生死	sinh tử
	기적	miracle	奇迹	奇跡	kì tích
	맞닿다	meet	面对面	出会う	chạm nhau, đụng mặt nhau
	함성	shout	喊声、呼喊声	喚声	sự đồng thanh hô vang
	덥석	suddenly	猛然、一把	ぎゅっと	vồ vập, đột ngột
	사선	life-or-death crisis	死亡线	死線	ranh giới sống chết
	담박하다	be frank	淡漠、淡泊	素直な	ngay thẳng, thật thà
	멋쩍다	be awkward	别扭、尴尬	気恥ずかしい	ngượng, không thoải mái
	머뭇거림	hesitation	踌躇、犹豫不决	ためらい	ngập ngừng, chần chừ
	열없다	be bashful	羞愧、怯弱	照れくさい	bẽn lẽn, ngượng

단어	영어	중국어	일본어	베트남어
감득되다	realize	感到、体会	感じ取る	ý thức được, nhận ra
실로	indeed	的确	実に	thực ra
허탈하다	be dazed	空虚、虚脱	気が抜ける	mệt mỏi, đuối sức
감격	impression	激动、感动	感激	sự cảm kích
휩싸이다	be overwhelmed	被笼罩	捉えられる	được bọc lại, được bao phủ
눈초리	look	目光、眼神	目つき	khóe mắt, ánh nhìn
엿보이다	show a hint of	显露出	垣間見える	nhìn trộm thấy
5 들먹이다	heave	被揭穿	持ち上げる	nhún, lắc
언뜻	suddenly	猛然	ちょっと	thoáng qua, bất chợt
장딴지	calf	腿肚子	ふくらはぎ	bắp chân
벅벅	roughly	哧哧	がばがば	sột soạt
긁다	scratch	挠	掻く	gãi, cạy
잠꼬대	talking in one's sleep	梦呓	寝言	nói mớ, nói mê sảng
가지가지	various (kinds of)	各种各样的	いろいろ	các kiểu, các loại
염색	dyeing	染色	染め	sự nhuộm
물감	paints	染料	絵の具	thuốc nhuộm màu
절다	be soaked	腌渍	漬かる	ngâm, ngập trong
만성	chronic	慢性	慢性	mãn tính
습진	eczema	湿疹	湿疹	bệnh chàm Eczema
잠결	while asleep	睡觉	寝ぼけ	khi đang mơ màng, khi ngủ
가렵다	itchy	瘙痒。	かゆい	ngứa
추스르다	take good care of	收拾	おさえる	điều chỉnh lại, xốc lại
걸치다	put on	披	ひっかける	treo lên
지경	situation	境地	状態	tình trạng, tình cảnh
유독	exceptionally	唯独	何しろ	duy nhất
잠귀	one's hearing while asleep	睡觉时的听觉	寝耳	nghe trong lúc ngủ
들키다	get caught	被发现	見つかる、ばれる	bị phát hiện, bị bại lộ
서두르다	hurry	赶紧	急ぐ	vội vàng, gấp rút
멋대로	as one likes	随便	勝手に	theo ý mình, tự ý
내뻗다	spread[stretch] out	伸展	伸ばす	trải dài, duỗi thẳng ra
쪼그리다	crouch	蜷缩	うずくまる	bóp, nén
7 굶기다	starve	使挨饿、使饿着	ひもじい思いをさせる	Bỏ đói
처녀	girl	姑娘、闺女	女の子	thiếu nữ
지랄	going insane	撒野、胡闹（韩国的一种骂人的话）	大騒ぎ	nổi điên
당장	right now	立刻、马上	今すぐに	bây giờ

단어	영어	중국어	일본어	베트남어
땡전	dime	钱、硬币	はした金（~한푼도 없다 びた一文もない）	một xu dính túi
쫓겨나다	be kicked out	被撵出、被赶走	追い出される	bị đuổi ra
판	situation	情况	身の上	tình huống
물끄러미	blankly	呆呆地、愣愣地	じっと	chằm chằm
고개	head	头	頭	cổ
고이다	gather	汪、含	うかぶ、たまる	đọng lại , ứ (nước mắt)
아차	doing a double take	哎呀、哎哟	しまった	hỏng rồi , chết rồi
무르다	take back	反悔、收回	ひっこめる	trở lại, nói lại
볼	cheek	面颊	頬	gò má
분명하다	be obvious	分明、鲜明	はっきりしている	phân minh
9 빈둥대다	idle away	游手好闲	ごろごろする	lười nhác, ăn không ngồi rồi
저절로	by themselves	自动地、自然地	ひとりでに	một cách tự động
끼리끼리	in groups	成群结队地	似たもの同士	từng nhóm, túm tụm
전자오락실	(game) arcade	电子游戏厅	ゲームセンター	khu vui chơi điện tử giải trí
불량배	thug	不良之辈	不良	đầu gấu, lưu manh
건달패	gang	流氓团伙	ごろつき	bè lũ lưu manh
낙오자	loser	落伍者	落ちこぼれ	người tụt hậu
앞지르다	jump to a conclusion	提前	先走る	sớm, đi trước
지나치다	go too far	过度、过分	行き過ぎる	thái quá, quá
비약	jump	飞跃、跳跃	飛躍	sự nhảy vọt
풍부하다	be imaginative	丰富	豊かだ	phong phú
언행	words and deeds	言行	言うこと成すこと	lời nói và hành động
훤히	obviously	清楚、明显	はっきり	một cách rõ ràng
사사건건	everything	所有事情	事あるごとに	mọi việc, từng việc
염려하다	worry	担心、挂念	気にかける	lo, quan tâm
픽	smile aimlessly	扑哧、噗	フッと	khẩy
처녀	single woman	少女、姑娘	処女	con gái chưa lấy chồng
지망생	aspirant	志愿生	志望（生）	người có nguyện vọng
유일하다	only	唯一	唯一の	duy nhất
11 출찰구	exit	出站口	出札口	cửa soát vé
밀려가다	be pushed	拥过去	なだれこむ	bị đẩy đi
물결	wave	波涛、浪潮	波	sóng
지팡이	cane	拐杖、拐棍	杖	cây gậy
의지하다	lean	依靠、凭仗	もたれる	nương tựa vào
절룩거리다	limp	一瘸一拐	びっこを引く	đi khập khiễng

단어	영어	중국어	일본어	베트남어
상이군인	a disabled soldier	伤残军人、荣誉军人	傷痍軍人	thương binh
기울이다	pay (one's attention)	倾注、贯注	傾ける	quan tâm
플랫폼	platform	月台、站台	プラットホーム	sân ga , bến đỗ
서성거리다	pace around	踱来踱去、走来走去	うろつく	đi tới đi lui
떨리다	be nervous	颤抖、发抖	ふるえる	run rẩy
얼른	quickly	赶快、赶紧	すぐに	nhanh
순간	moment	瞬间	瞬間	khoảnh khắc
떠지다	open	睁	見開かれる	mở (mắt)
벌어지다	gape	张	あんぐりする	há hốc
틀림없다	be sure	无疑、的确	間違いない、確かだ	chắc chắn
겨드랑이	armpit	腋窝、腋下	脇の下	nách
바람결	wind	风、清风	風	gió
바짓가랑이	trouser legs	裤筒、裤管	股下	ống quần
펄럭거리다	flutter	飘扬、飘动	はためく	bay phấp phới

기타

Point

앞서 분류한 주제 외에도 일반 상식이나 시사 상식, 생활 정보와 일화, 역사 등 다양한 분야의 지문이 출제될 수 있다. 평소 다양한 주제의 글을 읽어 둔다면 어떤 주제에 관련된 내용이든 문제를 푸는 데 어려움이 없을 것이다.

1~4 다음을 읽고 내용이 같은 것을 고르십시오.

1.   🕐 ____초

전국 곳곳에서 아동 학대 사건이 여전히 끊이지 않고 있다. 중앙아동보호전문기관의 연구에 따르면 전국에서 2만 2,157건의 아동 학대가 접수됐으며, 가정 내에서 이뤄진 학대는 80.5%에 달한다고 한다. 육아정책연구소는 부모가 자녀를 학대하는 가장 큰 이유가 '양육 스트레스(42.6%)'와 '부부, 가족 갈등(15.4%)'으로 나타났다고 밝혔다.

① 학대로 인한 아동의 스트레스가 높게 나타났다.
② 전국에서 2만 2,157건의 아동 학대 사건이 발생했다.
③ 아동 학대는 가족으로부터 가해지는 경우가 가장 많다.
④ 아동 학대는 가족의 신고로 발견되는 경우가 가장 많다.

2.   🕐 ____초

옛날에는 책이 주로 한문으로 쓰여 있었고, 한문을 읽을 줄 아는 사람 또한 많지 않았다. 그래서 한글로 쓰인 책이 많은 사람들의 사랑을 받았는데 여자가 시집갈 때 가져가는 혼수 품목에 한글 소설책이 있었을 정도였다. 소설책을 살 형편이 안 되는 사람은 집에서 소설책을 직접 베껴 썼다. 이를 필사본(筆寫本) 소설이라고 한다.

① 옛날에는 한문 소설이 인기가 많았다.
② 한문을 배우기 위해 소설을 베껴 쓰기 시작했다.
③ 사람들은 여유가 있을 때 소설 베껴 쓰기를 즐겼다.
④ 여자들은 시집갈 때 필사본 소설을 혼수로 가져갔다.

---

1. 아동 학대
해설 아동 학대 중 가정 내 양육자로부터 일어난 경우가 가장 많은 것으로 나타났다.
어휘 아동 학대, 끊이다, 양육, 갈등

2. 필사본 소설
해설 여자들이 시집갈 때 혼수로 한글 소설책을 가져가곤 했다.
어휘 한문, 시집가다, 혼수, 형편, 베끼다

3. 🕐 ____초

콩나물을 이용한 음식은 밥상에서 흔히 볼 수 있다. 그런데 콩나물은 오래 보관하지 못한다는 단점이 있다. 특히 콩나물을 비닐봉지에 담은 채 그대로 냉장보관을 하면 콩나물이 쉽게 물러서 상해 버린다. 콩나물을 오래 보관하고 싶으면 깨끗이 씻어서 밀폐 용기에 넣고 물을 가득 담아 두면 된다. 이렇게 하면 처음 사올 때의 상태로 일주일 이상 보관이 가능하다.

① 콩나물은 구입 후 빨리 먹어야 한다.
② 콩나물은 쉽게 상하지 않는 채소이다.
③ 콩나물을 물에 넣어서 보관하면 쉽게 상한다.
④ 콩나물은 쉽게 볼 수 있는 보편적인 식재료이다.

4. 🕐 ____초

'사농공상(士農工商)'이라는 말이 있다. 이 말은 조선시대 사람들의 신분의 고하를 나타내는 말이다. 고려 후기에 중국에서 유교가 전래되면서 사람의 직업에 따라 귀천이 나뉘게 되었다. 순서는 선비, 농민, 공인, 상인 순이었으며 백성들로 하여금 이를 따르게 하였다. 이러한 신분 차별은 수백 년 동안 계속되다가 1894년 갑오개혁 이후 폐지되었으나 그 후로도 사람들 사이에 사농공상에 따라 차별하는 인식이 남아있게 되었다.

① 사농공상은 유교의 유입에서 비롯되었다.
② 사농공상에서 공인과 상인은 같은 계급이다.
③ 사농공상은 고려시대의 대표적인 신분 제도이다.
④ 사농공상에 대한 차별은 갑오개혁 이후 완전히 없어졌다.

Part 2

주제편

---

3. **콩나물 보관법**
[해설] 콩나물은 밥상에서 흔히 볼 수 있는 보편적인 식재료이다.
[어휘] 콩나물, 단점, 담다, 냉장보관, 무르다, 상하다, 밀폐 용기

4. **사농공상**
[해설] 사농공상은 고려 후기에 유교가 전래된 후 만들어진 신분 제도이다.
[어휘] 신분, 고하, 유교, 전래되다, 귀천, 선비, 농민, 공인, 백성, 신분 차별, 폐지되다

5~8 다음을 읽고 (   )에 들어갈 내용으로 가장 알맞은 것을 고르십시오.

5.   🕐 ____초

> 홍콩은 세계 최고의 술 여행지이다. 왜냐하면 홍콩은 전 세계의 다양한 술을 만날 수 있고 주세가 없어서 (   ). 한국의 경우 와인을 수입하면 관세와 주세, 부가가치세까지 더해져 70%나 비싸진다. 그러나 홍콩은 30도 이상의 증류주를 제외하고는 주세를 완전히 없앴다. 덕분에 발효주인 맥주와 사케는 물론 고가의 술인 와인도 매우 저렴하게 즐길 수 있다.

① 술맛이 좋기 때문이다
② 술값이 저렴하기 때문이다
③ 술의 판매가 자유롭기 때문이다
④ 어디서든 술을 마실 수 있기 때문이다

6.   🕐 ____초

> 뇌물은 권력을 따른다는 말이 있다. 과거 유럽의 군주들은 뇌물을 당연시했고, 관직 매매가 법으로 보장되어 있었다. 그렇다면 조선시대의 왕도 뇌물을 받았을까? 결론부터 말하자면 아니다. 왜냐하면 이미 이 땅에 존재하는 모든 것은 왕의 것이기 때문이다. 이를 왕토사상(王土思想)이라고 한다. 따라서 (   ) 뇌물이 아닌 것이다.

① 뇌물을 엄격히 금지했으므로
② 왕의 권력은 백성의 것이므로
③ 왕은 체통과 명예를 중시했으므로
④ 원래부터 왕의 것을 받은 것이므로

---

5. 홍콩 주세
해설 홍콩은 술에 부과하는 세금이 없어서 술값이 저렴하다.
어휘 주세, 와인, 관세, 부가가치세, 증류주, 없애다, 발효주, 저렴하다

6. 왕토사상
해설 이 땅에 존재하는 모든 것은 이미 왕의 것이기 때문에 뇌물은 성립이 되지 않는다.
어휘 뇌물, 권력, 군주, 당연시, 관직, 매매

7. ⏱ _____ 초

> 자동차의 부품 중에는 주기적으로 점검하거나 교체해야 하는 소모품이 있다. 그러나 이 모든 소모품의 주기를 알고 직접 점검하거나 교체하기는 쉽지 않다. 이때 (　　　　　　　　) 소모품을 점검하여 교체하면 도움이 된다. 에어컨 필터는 주행거리가 약 5,000km, 와이퍼는 8,000km, 타이어는 10,000km 정도일 때 교체하는 것이 좋다. 그리고 브레이크액과 패드는 20,000km 이상 40,000km가 되기 전에 교체해야 한다.

① 주행거리를 기준으로
② 전문가의 도움을 받아
③ 센터를 직접 방문하여
④ 교체 시기를 미리 적어 놓고

8. ⏱ _____ 초

> 대통령의 건강 상태는 국가 안위와 직결되는 만큼 보안을 유지해야 한다. 그러나 대통령의 안색에서 건강 상태가 드러나거나 대통령이 공개 석상에 자주 나타나지 않으면 국민이 우려할 수 있다. 게다가 간단한 치료를 받은 사실만으로도 심각한 질환이라는 오해를 받을 수 있다. 그래서 때때로 (　　　　　　　　) 경우도 있다. 이는 국민의 우려를 불식시키기 위함이다.

① 대통령의 주치의를 교체하는
② 대통령에 대한 경호를 더욱 강화하는
③ 국민에게 대통령의 건강 상태를 감추는
④ 대통령의 건강 상태나 치료 기록을 공개하는

---

7. 자동차 소모품
해설 주행거리에 따라 각 소모품의 교체 시기를 대략 알 수 있다.
어휘 부품, 주기적, 점검, 교체, 소모품, 주기, 필터, 주행거리, 와이퍼, 타이어, 브레이크액, 패드

8. 대통령의 건강
해설 대통령의 건강 상태는 원래 보안 사항이지만 국민이 우려할 수 있기 때문에 공개하는 경우도 있다.
어휘 대통령, 안위, 직결, 안색, 공개석상, 게다가, 때때로, 기록, 불식시키다

다음 글의 주제로 가장 알맞은 것을 고르십시오.

9.　　　　　　　　　　　　　　　　　　　　　　　　　　🕐 _____초

> 　　역사는 학자들에 의해 '과거에 있었던 사실'과 '역사가들에 의해 기록된 과거'라는 두 가지 측면으로 분류되어 왔다. 즉, 역사는 '사실로서의 역사'와 '기록으로서의 역사'로 나뉘는 것이다. 그런데 우리가 배우는 역사는 대부분 역사가들의 연구에 의해 만들어진 '기록으로서의 역사'인 경우가 많다. 즉 역사가가 '과거에 있었던 사실'을 자신의 주관에 따라 기록한 사료를 가지고 역사를 공부하는 것이다.

① 사료에는 역사가의 관점이 들어가 있다.
② 역사가는 자신의 관점을 숨기고 사실만을 말해야 한다.
③ 우리가 알고 있는 역사는 과거에 있었던 사실 그 자체이다.
④ 역사를 기록하는 사람은 오직 있는 그대로의 사건을 써야 한다.

10.　　　　　　　　　　　　　　　　　　　　　　　　　🕐 _____초

> 　　요즘은 참는 게 미덕이 아닌 세상이다. 타인의 부탁을 거절하지 못하고, 상처를 받아도 혼자서 전전긍긍하는 사람은 '바보', '호구'로 불릴 뿐이다. 서점가에서는 이러한 사람들에게 단호하게 거절하는 방법, 상처 준 이들에게 당당하게 응수하는 방법 등을 제시하는 책들이 인기이다. 이 책들의 공통점은 자존감의 중요성을 강조하고 있다는 것이다.

① 사람은 거절도 할 줄 알아야 한다.
② 책을 많이 읽어야 자존감을 키울 수 있다.
③ 자존감을 강조한 책들이 인기를 얻고 있다.
④ 요즘 사람들은 참고 살기 힘든 세상에 살고 있다.

---

9. 역사의 분류
해설 사료는 '과거에 있었던 사실'을 역사가가 자신의 주관에 따라 '기록한 역사'이므로 역사가의 관점이 들어가 있다.
어휘 역사, 학자, 역사가, 측면, 분류, 나뉘다, 주관, 사료

10. 자존감
해설 서점가에서는 자존감의 중요성을 강조하는 책들이 인기를 얻고 있다.
어휘 참다, 미덕, 거절하다, 전전긍긍하다, 호구, 단호하다, 응수하다, 제시하다, 공통점, 자존감

11.   🕐 _____ 초

생태, 황태, 북어 등은 모두 명태를 뜻하는 말이다. 단지 가공 방식만 다를 뿐이다. 갓 잡아 가공하지 않은 명태는 생태라고 하고, 겨울에 잡아서 얼린 것을 동태라 한다. 또한 내장을 제거하고 산에서 찬바람에 얼렸다 녹이는 것을 반복한 명태는 황태라 하고, 해풍으로 말린 것은 북어라고 한다. 이처럼 명태가 여러 이름을 가지게 된 것은, 선조들이 다양한 방식으로 명태를 가공하여 섭취할 만큼 그 맛과 영양이 풍부해서가 아닐까?

① 명태는 다양한 이름을 가진 생선이다.
② 명태 중에서는 황태가 가장 영양이 풍부하다.
③ 명태는 생선 중에서 맛과 영양이 가장 좋은 생선이다.
④ 우리 선조는 명태를 다양하게 가공하여 즐겨 먹었다.

12.   🕐 _____ 초

몇 해 전 텔레비전에 등장한 오디션 프로그램이 현재는 하나의 예능 포맷으로 자리 잡은 듯하다. 그 장르도 가요뿐만이 아니라, 춤, 랩, 연기, 심지어 오페라까지 다양해졌다. 일각에서는 경쟁심을 부추긴다는 부정적인 시각도 있는 게 사실이다. 그러나 데뷔를 준비하는 지망생들이나 현실에 가로막혀 꿈을 키우지 못한 채 살았던 사람들에게, 재능을 뽐낼 수 있는 기회를 제공한다는 점에서 긍정적인 평가를 얻고 있다.

① 오디션 프로그램이 매우 다양해졌다.
② 오디션 프로그램은 데뷔에 필수적이다.
③ 오디션 프로그램은 재능을 선보일 기회를 준다.
④ 오디션 프로그램은 경쟁심을 부추기므로 없어져야 한다.

---

11. 명태
해설 생태, 황태, 북어 등의 이름을 통해 선조들이 다양한 방식으로 명태를 가공하여 먹었다는 것을 알 수 있다.
어휘 단지, 가공, 갓, 얼리다, 녹이다, 해풍, 선조

12. 오디션 프로그램
해설 오디션 프로그램을 통해 재능을 뽐낼 수 있는 기회를 얻을 수 있다.
어휘 예능 포맷, 자리 잡다, 장르, 랩, 연기, 심지어, 오페라, 경쟁심, 부추기다, 지망생, 가로막히다, 재능, 뽐내다, 긍정적

단어	영어	중국어	일본어	베트남어
기타	Others	其他	その他	Chủ đề khác
1 아동 학대	child abuse	虐待儿童	児童虐待	ngược đãi trẻ em
끊이다	discontinue	断、停	後を絶つ	bị dừng, bị ngừng
양육	nurture	养育	養育	sự dưỡng dục, sự nuôi dưỡng
갈등	conflict	矛盾	葛藤	sự mâu thuẫn
2 한문	Chinese	汉文、汉语	漢文	Hán văn
시집가다	get married	出嫁	嫁に行く	lấy chồng
혼수	articles for marriage	嫁妆	嫁入り道具	sính lễ, của hồi môn
형편	circumstance	境况、情况	（経済的）事情	hoàn cảnh, gia cảnh
베끼다	copy	抄写	写す	sao chép
3 콩나물	bean sprout	豆芽、黄豆芽	もやし	giá đỗ
단점	disadvantage	短处、不足	短所	nhược điểm
담다	put in	装、盛	入れる、盛る	chứa, gồm
냉장보관	refrigerated storage	冷藏保管	冷蔵保管	việc bảo quản lạnh
무르다	soften	变软、烂	ふやける	mềm
상하다	go bad	变质、腐烂	傷む	hỏng, hư
밀폐 용기	airtight container	密闭容器	密閉容器	hộp kín
4 신분	position	身份	身分	thân phận
고하	rank	高低	上下	cao thấp
유교	Confucianism	儒教	儒教	Nho giáo
전래되다	flow in	流传下来	伝来する	được truyền vào, được du nhập
귀천	high and low	贵贱、高低	貴賤	sự sang hèn
선비	classical scholar	儒生、士人	士（儒学素養のある人）	lớp trí thức
농민	farmer	农民	農民	người nông dân
공인	craftsman	工人	職人	công chức
백성	the people	百姓	民衆	bách tính
신분 차별	social status discrimination	身份差别	身分差別	sự phân biệt thân phận
폐지되다	abolish	被废止、被废除	廃止される	bị bãi bỏ, bị xóa bỏ
5 주세	liquor tax	酒税	酒税	thuế rượu
와인	wine	红酒、葡萄酒	ワイン	rượu vang
관세	customs	关税	関税	thuế quan
부가가치세	value-added tax	增值税	付加価値税	thuế giá trị gia tăng
증류주	distilled spirits	蒸馏酒	蒸留酒	rượu chưng cất
없애다	abolish	取消、去除	なくす	bỏ đi, xóa bỏ
발효주	fermented alcohol	发酵酒	発酵酒	rượu lên men
저렴하다	be cheap	便宜、低廉	低廉だ	rẻ, giá hợp lí

단어	영어	중국어	일본어	베트남어
6 뇌물	bribe	贿赂	わいろ	đồ hối lộ
권력	authority, power	权利	権力	quyền lực
군주	monarch	君主、国王	君主	quân chủ
당연시	taking something for granted	视为理所当然	当然視	đương nhiên là
관직	government office	官职	官職	quan chức
매매	trading	买卖	売買	việc mua bán
7 부품	part	配件、部件	部品	phụ tùng
주기적	periodic	周期的	周期的	mang tính chu kì
점검	check	检查、清点	点検	sự kiểm tra
교체	replacement	更替、换	交替	sự thay thế
소모품	expendables	消耗品、耗材	消耗品	đồ tiêu hao
주기	cycle	周期的	周期	chu kì
필터	filter	过滤器	フィルター	bộ lọc
주행거리	mileage	行驶距离	走行距離	quãng đường xe chạy
와이퍼	windshield wiper	雨刮器	ワイパー	cần gạt nước
타이어	tire	轮胎	タイヤ	lốp xe
브레이크액	brake fluid	制动液	ブレーキオイル（液）	dầu phanh
패드	pad	垫	パッド	vải đệm
8 대통령	president	总统	大統領	tổng thống
안위	security	安危	安危、存亡	sự an nguy
직결	direct connection	直接连接	直結	sự kết nối trực tiếp
안색	complexion	脸色	顔色	sắc mặt
공개석상	in public	公开场合	公の席上	buổi họp công khai
게다가	besides	再加上	その上	thêm vào đó
때때로	sometimes	有时候、偶尔	時に	thỉnh thoảng
기록	record	记录	記録	việc ghi chép lại
불식시키다	dispel	拂拭、消除	払拭する	loại bỏ, xua tan
9 역사	history	历史	歴史	lịch sử
학자	scholar	学者	学者	học giả
역사가	historian	历史学家	歴史家	nhà sử học
측면	aspect	侧面	側面	mặt, phương diện
분류	classification	分类	分類	sự phân loại
나뉘다	divide	被分为、被分成	分けられる	được chia ra
주관	subjectivity	主观	主観	chủ quan
사료	historical records	史料	史料	tư liệu
10 참다	endure	忍耐、忍受	耐える	chịu đựng
미덕	virtue	美德	美德	nét đẹp, đức tính tốt

단어	영어	중국어	일본어	베트남어
거절하다	reject	拒绝	断る	từ chối
전전긍긍하다	be (overly) nervous	战战兢兢	戦々兢々する	lo sợ, bồn chồn
호구	pushover	软柿子、好欺负的	カモ、お人好し	người dễ bị coi thường
단호하다	be decisive	断然、坚决	断固とした	vững vàng, chắc chắn
응수하다	respond	还招、回应	応酬する	đối đáp, đáp trả
제시하다	present	提出、出示	提示する	đưa ra, nộp
공통점	common point	共同点	共通点	điểm chung
자존감	self-esteem	自尊	自尊心	lòng tự trọng
11 단지	only	只、仅仅	ただ	chỉ là
가공	processing	加工	加工	sự gia công
갓	just now	刚、刚刚	（ーした）ばかり	vừa mới
얼리다	freeze	冻、冷冻	凍らせる	làm đông, đóng đông
녹이다	melt	使融化	溶かす	làm tan, làm chảy
해풍	sea breeze	海风	海風、潮風	gió biển
선조	ancestor	祖先	先祖	tổ tiên
12 예능 포맷	entertainment format	综艺形式	芸能フォーマット、登竜門	chương trình giải trí
자리 잡다	settle	占据位置	定着する	định cư, có được chỗ đứng
장르	genre	类型、形式	ジャンル	thể loại
랩	rap	说唱、说唱音乐	ラップ	hát ráp
연기	acting	演技	演技	việc diễn xuất
심지어	even	甚至于	はなはだしくは	thậm chí
오페라	opera	歌剧	オペラ	hát ô-pê-ra
경쟁심	competitive spirit	好胜心、竞争意识	競争心	tính cạnh tranh
부추기다	incite	唆使、煽动	あおる	kích động, xúi giục
지망생	aspirant	志愿生、想当…的人	志望生	người có nguyện vọng
가로막히다	be interrupted	被阻挡	さえぎられる	bị ngăn lại, bị chặn ngang
재능	talent	才能	才能	tài năng
뽐내다	show off	显示、展示	誇示する	khoe khoang, phô trương
긍정적	positive	肯定的	肯定的	mang tính tích cực

Part 3
모의고사

모의고사 1회

1~2 ( )에 들어갈 가장 알맞은 것을 고르십시오.

1. 아이한테 ( ) 맵지 않은 것으로 사 왔어요.
   ① 매운 대로
   ② 매운 김에
   ③ 매운 채로
   ④ 매울까 봐

2. 오늘 아침에 늦게 일어나서 버스를 못 ( ).
   ① 타는 편이다
   ② 탈 뻔했다
   ③ 타나 보다
   ④ 타기로 했다

3~4 다음 밑줄 친 부분과 의미가 비슷한 것을 고르십시오.

3. 샤워를 <u>하고 있어서</u> 전화벨 소리를 못 들었다.
   ① 하느라고
   ② 하자마자
   ③ 하더라도
   ④ 하다시피

4. 대학원에 <u>진학하려고</u> 밤낮으로 공부하고 있다.
   ① 진학하는 데다가
   ② 진학하기 무섭게
   ③ 진학하는 반면에
   ④ 진학하기 위해서

5~8 다음은 무엇에 대한 글인지 고르십시오.

5.

한방 추출물 함유, 부드러운 머릿결로 바꿔 드립니다.

① 샴푸   ② 수건   ③ 이유식   ④ 화장품

6.

쉿! 지금 누군가를 방해하고 있지 않나요?

책은 눈으로만 보세요.

① 서점   ② 병원   ③ 출판사   ④ 도서관

7.

1.	경보기를 누르고 119에 신고합니다.
2.	젖은 수건으로 코와 입을 막습니다.
3.	낮은 자세로 대피합니다.
4.	큰 소리로 사람들에게 화재를 알립니다.

① 자원 절약   ② 자연 보호   ③ 화재 예방   ④ 대피 요령

8.

• 반드시 주문 전에 제시해 주세요.
• 배달과 포장 모두 적용됩니다.
• 10장을 모으시면 '후라이드치킨' 1마리를 드립니다.

① 교환 안내   ② 이용 방법   ③ 판매 장소   ④ 주의 사항

다음 글 또는 도표의 내용과 같은 것을 고르십시오.

9.

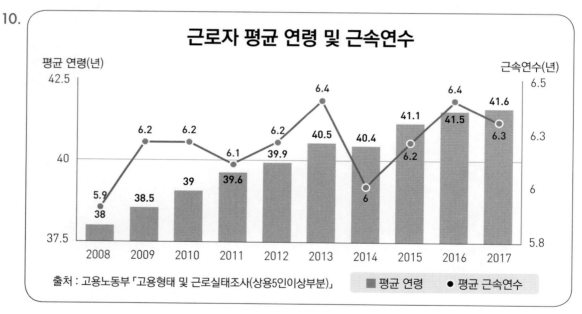

이주 배경 청소년 지원사업

레인보우 스쿨

기간 5. 1.(월)~12. 22.(목)

매주 월~목 13:00~17:00

장소 이주민센터 4층 교육실

담당 조윤경 간사 jyk1212@lovkorea.net

직접 센터에 방문하셔서 신청서를 작성하셔야 합니다.

＊매월 넷째 주 금요일은 문화체험 활동을 합니다.

① 매주 금요일에 문화체험 활동이 있다.

② 이 수업은 5월에 시작해서 7개월 동안 진행된다.

③ 레인보우 스쿨에 참가할 수 있는 사람은 이주 배경 청소년이다.

④ 이 수업에 참가하고 싶은 사람은 조윤경 간사의 이메일로 신청하면 된다.

10.

근로자 평균 연령 및 근속연수

평균 연령(년)

근속연수(년)

출처 : 고용노동부 「고용형태 및 근로실태조사(상용5인이상부분)」 ■ 평균 연령 ● 평균 근속연수

① 근로자 평균 연령은 대체로 꾸준히 높아졌다.

② 근로자 평균 연령이 가장 높은 해는 2013년이다.

③ 2013년 근로자 평균 근속연수는 6.5년을 넘었다.

④ 2014년 근로자 평균 근속연수는 전년 대비 소폭 하락했다.

11.

> 연주시 KTX 정차역인 연주역 일대에 에너지를 주제로 하는 대규모 근린공원이 조성될 예정이다. 또한 연주역을 중심으로 혁신 창업 타운, 에너지 체험 파크, 스포츠파크 등도 조성된다. 연주시는 국비 100억 원과 시비 50억 원을 들여 내년 초부터 사업을 추진한다. 연주시에서 실시하는 이 사업은 지역민의 삶의 만족도를 높여 주고 인구증가에도 큰 도움을 줄 것으로 기대된다.

① 연주시는 국비 150억을 들여 사업을 추진한다.
② 이번 사업으로 연주시 거주 인구가 크게 증가했다.
③ 에너지를 주제로 하는 근린공원은 연주역 일대에 조성한다.
④ 연주역 내 공원에 혁신창업타운, 에너지 체험 파크 등을 조성한다.

12.

> 모든 범죄에는 동기가 존재한다. 그런데 직접적인 원한 관계가 없는 불특정 대상에게 폭력을 행사하는 범죄가 있다. 이를 '묻지마' 범죄라고 한다. 무한 경쟁을 강요하는 사회에서는 개인이 사회에 동화되는 방법을 찾지 못하면 타인에 대한 분노, 사회에 대한 반감이 쌓이게 된다. '묻지마' 범죄는 이러한 분노와 반감이 폭발하여 불특정 대상에게 폭행, 살인, 총기 난사, 방화 등의 형태로 표출되는 것이다.

① 묻지마 범죄자는 범죄의 이유를 묻지 않는다.
② 묻지마 범죄는 무한 경쟁을 강요하는 사회에서 발생한다.
③ 묻지마 범죄의 대상은 사회에 동화되지 못하는 사람들이다.
④ 묻지마 범죄자가 되는 이유는 경쟁자에 대한 불만 때문이다.

13~15 다음을 순서대로 맞게 배열한 것을 고르십시오.

13.

> (가) 그런데 궁합이 음식에도 있다고 한다.
> (나) 남녀가 서로 잘 맞아 행복하게 잘 살면 궁합이 맞는다고 말한다.
> (다) 궁합이 맞는 음식으로는 돼지고기와 새우젓, 굴과 레몬, 닭고기와 인삼 등이 있다.
> (라) 두 가지 음식을 함께 먹어서 맛도 좋고 몸에도 좋다면 궁합이 맞는 음식이다.

① (나)-(다)-(라)-(가) 　　② (나)-(가)-(라)-(다)
③ (다)-(가)-(라)-(나) 　　④ (다)-(라)-(나)-(가)

14.

(가) 해외여행객 2천만 시대가 되면서 해외에서 사건 사고를 당하는 국민도 증가하였다.

(나) 또한 안전 정보를 실시간 제공하고 피해자와 그 가족을 지원해 준다.

(다) 해외안전지킴센터는 해외의 사건, 사고를 24시간 365일 모니터링하며 우리 국민에게 문제가 발생하면 언제든지 대응을 한다.

(라) 이에 외교부는 해외안전지킴센터를 가동할 예정이라고 한다.

① (가)-(라)-(다)-(나) ② (가)-(다)-(라)-(나)

③ (다)-(가)-(라)-(나) ④ (다)-(나)-(라)-(가)

15.

(가) 한국 사람들은 이웃이 친척은 아니지만 친척처럼 가깝게 생각해 온 것이다.

(나) 그런데 이웃을 다른 말로 이웃사촌이라고도 한다.

(다) 원래 이웃은 자기 집 가까이에 살고 있는 사람이나 집을 가리키는 말이다.

(라) 이 말에서 전통적으로 한국 사람들이 이웃을 어떻게 생각해 왔는지 알 수 있다.

① (가)-(라)-(다)-(나) ② (가)-(다)-(라)-(나)

③ (다)-(가)-(라)-(나) ④ (다)-(나)-(라)-(가)

16~18 다음을 읽고 ( )에 들어갈 내용으로 가장 알맞은 것을 고르십시오.

16.

반려동물을 키우는 사람들은 동물과 함께 있으면 ( ). 정말 그럴까? 자신이 키우고 있는 반려동물과 눈을 마주치는 실험을 했더니 행복을 느끼게 해주는 옥시토신 분비는 증가하고 스트레스 호르몬인 코르티솔은 감소했다고 한다. 또한 반려동물을 기르는 노인은 그렇지 않은 노인보다 우울감을 덜 느낀다고도 한다.

① 행복하다고 말한다

② 오래 살 수 있다고 한다

③ 건강이 좋아진다고 말한다

④ 감정이 풍부해진다고 한다

17.

보기 좋은 떡이 먹기도 좋다는 말이 있다. 이 말에는 (   ) 소비자의 심리가 들어 있다. 그런데 최근에는 못생긴 것이 오히려 인기를 끄는 현상이 나타나고 있다. 못생겨서 상품성이 떨어지지만 영양소와 맛에 문제가 없는 농산물을 싸게 팔고, 자연에서 그대로 자라 벌레가 먹은 싱싱한 과일과 채소가 안전한 먹거리로 인식되고 있는 것이다.

① 떡의 모양이 맛에 영향을 미친다는

② 떡을 고를 때 모양을 중요하게 생각하는

③ 같은 값일 때 맛있는 것을 먹으려고 하는

④ 같은 품질일 때 예쁜 것을 선택하고자 하는

18.

많은 사람이 면봉이나 귀이개를 사용하여 귓속의 귀지를 제거한다. 귀지를 더러운 것으로 생각하기 때문이다. 그러나 귀지는 (   ) 꼭 필요하다. 귀지는 귓속으로 들어오는 먼지나 이물질을 막아 주고 귀에 상처가 쉽게 생기지 않게 해 주며 벌레가 귓속 깊은 곳까지 들어갈 수 없게 하는 역할도 한다. 또한 귀지는 약산성을 띠고 각종 효소도 들어 있어 귓속이 감염되는 것을 막아 준다.

① 소리를 잘 듣기 위해

② 더러운 것이 아니므로

③ 귀를 깨끗하게 해 주므로

④ 귓속을 건강하게 지키기 위해

한국에 가서 여러 문화체험을 해 봤지만 가장 기억에 남는 것은 템플스테이이다. 템플스테이는 말 그대로 절에서 지내면서 한국의 불교 문화를 체험해 보는 것이다. (   ) 나는 불교인이 아니다. 그리고 우리나라에서 절은 쉽게 갈 수 있고 볼 수 있는 곳이 아니다. 그래서 템플스테이에 대한 나의 기대감은 매우 컸다. 템플스테이는 나의 기대를 저버리지 않았다. 산책, 명상, 발우공양, 108배는 나를 다시 되돌아보게 하는 귀중한 시간이었다. 다음에도 기회가 된다면 다시 템플스테이를 할 것이다.

19. (   )에 들어갈 알맞은 것을 고르십시오.

① 또는   ② 역시   ③ 물론   ④ 게다가

20. 이 글의 내용과 같은 것을 고르십시오.

① 템플스테이는 우리나라에도 있다.

② 템플스테이를 한 후 불교인이 되었다.

③ 템플스테이를 체험하면 스님이 될 수 있다.

④ 템플스테이를 처음 해 보았는데 만족스러웠다.

요즘 시청자들은 자기도 모르는 사이에 광고에 노출되어 있다. 바로 PPL(Product Placement)이라고 불리는 간접광고 때문이다. 방송 프로그램에 출연하는 사람이 입고, 착용하고, 먹고, 마시고, 사용하는 것들은 시청자들에게 자연스럽게 노출이 된다. 방송에 출연한 사람이 시청자가 좋아하는 사람이거나 광고하고자 하는 상품이 프로그램에서 자연스럽게 활용되었다면 시청자도 (   ) 상품에 대한 인지도가 높아지고 상품에 대해 호의적으로 반응하게 된다. 그러나 지나친 간접광고는 시청자가 프로그램이 아닌 광고 상품에 집중하게끔 만들 수 있다. 또한 프로그램 맥락과 맞지 않는 상품 노출은 프로그램의 질을 떨어뜨릴 수 있다.

21. (   )에 들어갈 알맞은 것을 고르십시오.

① 알게 모르게

② 음으로 양으로

③ 밑도 끝도 없이

④ 강 건너 불 보듯

22. 이 글의 중심 생각을 고르십시오.

① 간접광고는 광고주에게 있어 매우 효과적이다.

② 시청자는 간접광고를 억지로 봐야 하므로 부당하다.

③ 시청자는 프로그램을 볼 때 간접광고를 무시해야 한다.

④ 간접광고가 지나치면 프로그램의 질이 저하될 수 있다.

23~24 다음을 읽고 물음에 답하십시오.

"겨울 돼 봐요. 마누라나 새끼나 된통 검댕칠이지. 한 장이라도 더 나르려니까 애새끼까지 끌고 나오게 된단 말요. 형 씨, 내가 이런 사람입니다. 처자식들 얼굴에 검댕칠 묻혀 놓는, 그런 못난 놈이라 이말입니다……."

임 씨의 등등하던 입술도 마침내 술에 젖는 모양이었다. 말이 제대로 입 밖으로 빠져나오지 못하니까 임 씨는 자꾸 입술을 쥐어뜯었다.

"나 말이요. 이번에 비만 오면 가리봉동에 가서 말이요……." 임 씨가 허전한 눈길로 그를 쳐다보았다. 목소리도 한결 풀기 없이 쳐져 있다. "그 자식이 돈만 주면…… 돈만 받으면, 그 돈 받아 가지고 고향으로 갈랍니다."

"고향엘요."

"예, 고향으로 갑니다. 내 고향으로……."

공이 박힌 손가락으로 머리칼을 쥐어뜯으며 임 씨는 훌쩍훌쩍 울기 시작했다.

"에이, 이 아저씨는 술만 마셨다 하면 꼭 울고 끝을 보더라. 버릇이라고요, 술버릇."

가게 안에서 내다보고 있던 김 반장이 임 씨에게 머퉁이를 주었다.

23. 밑줄 친 부분에 나타난 나의 심정으로 알맞은 것을 고르십시오.

① 난처하다　　　　　　② 비참하다

③ 억울하다　　　　　　④ 자랑스럽다

24. 이 글의 내용과 같은 것을 고르십시오.

① 임 씨는 술에 취했다.

② 임 씨는 가리봉동에 산다.

③ 김 반장은 임 씨에게 술을 사주었다.

④ 김 반장은 술을 마시면 우는 버릇이 있다.

25~27 다음은 신문 기사의 제목입니다. 가장 잘 설명한 것을 고르십시오.

25.

> 휴가철 국립공원 넘쳐난 쓰레기로 몸살

① 국립공원에 방문한 휴가객들이 쓰레기로 몸살이 났다.

② 국립공원에 넘쳐나는 쓰레기를 휴가철에 치우고 있다.

③ 휴가철 쓰레기가 많은 국립공원에서 지내면 몸살에 걸린다.

④ 휴가철 방문객들이 버린 쓰레기가 국립공원에 넘쳐나고 있다.

26.

> 한류 바람 타고 온 한국 방문객 껑충

① 한류 바람이 시든 후 한국 방문객이 감소하고 있다.

② 한국에 방문한 외국인들은 한류 때문에 온 사람들이다.

③ 한류 바람 때문에 한국에 온 여행객이 피해를 보고 있다.

④ 한류의 영향으로 한국에 방문하는 외국인이 크게 증가했다.

27.

> 전통시장 야간 개장 후 불황에도 문전성시

① 전통시장을 야간에 개장하면 불황에도 손님이 올 것이다.

② 전통시장을 야간에만 개장한 후 시장의 불황이 심화되었다.

③ 전통시장을 야간에도 운영했더니 시장에 방문하는 사람이 많아졌다.

④ 전통시장을 야간에 연 결과 불황을 이기지 못하고 문 닫는 가게가 많다.

다음을 읽고 ( )에 들어갈 내용으로 가장 알맞은 것을 고르십시오.

28.

> 남성의 전유물로만 알았던 탈모가 최근에는 여성에게도 자주 발생하고 있다. 남성은 주로 유전적 요인이나 호르몬의 영향으로 탈모가 진행되는 데 반해 여성의 탈모는 다이어트와 스트레스에 의한 것이 많다고 한다. 그러므로 ( ) 불규칙한 식습관을 고치고 음식 섭취를 통해 두피와 모발에 영양을 충분히 공급해 주어야 하며 스트레스도 멀리해야 할 것이다.

① 남성 탈모의 증상을 완화하려면
② 여성 탈모의 증상을 완화하려면
③ 남성 탈모 증상을 가속화하려면
④ 여성 탈모 증상을 가속화하려면

29.

> 꽃이나 나무 등 식물을 가꾸기 좋아하는 사람들은 그 이유로 심리적 안정을 든다. 최근 이러한 효과에 힘입어 원예 치료가 ( ) 활용되고 있다. 우울감과 무기력증을 경험하는 중년 여성이나 노인들은 식물에 자신의 삶이 투영되는 경험을 통해 새로운 삶의 의미를 찾기도 한다. 또한 자연을 벗 삼아 놀 기회가 적은 요즘 아이들에게 정서적 안정감을 주며, 생명존중 의식을 기를 수 있는 교육의 장이 되기도 한다.

① 약물치료의 대안으로
② 각종 심리치료의 기법으로
③ 아이들의 체험 학습 소재로
④ 화훼시장의 마케팅 기법으로

30.

> 야구는 다른 스포츠와는 달리 제한 시간이 없는 종목이다. 한 경기가 9회에 걸쳐 진행되는데 한 회에 선수 세 명이 아웃되지 않으면 다음 회로 넘어가지 않는다. 따라서 ( ) 9회 말 2아웃에서도 역전이 가능하다. 이러한 경기 규칙에 의해 역전 드라마를 쓸 수 있다는 점에서 야구 팬들은 야구에 열광한다. 메이저 리그의 전설적인 포수였던 요기베라는 "끝날 때까지 끝난 게 아니다."라는 명언을 남기기도 했다.

① 점수 차가 크지 않으면
② 경기 시간이 충분하다면
③ 점수 차가 크게 나더라도
④ 경기 시간이 부족하더라도

31.

> 금이나 은과 같은 귀금속은 금광이나 사금에서 채취한다. 그런데 최근에는 도시에서도 채취하고 있다고 한다. 바로 도시 광산 사업이다. 도시 광산은 (   ) 유용한 자원을 채취한다. 이 자원 중에는 금과 은뿐만 아니라 구리, 니켈, 주석과 같은 희소금속도 있다고 한다. 특히 폐휴대폰 3톤에서 채취할 수 있는 금 1kg을 얻으려면 광석 1,000톤이 필요하다고 하니 도시 광산 사업이 얼마나 효율적인지 알 수 있다.

① 땅속에 묻혀 있는 지하자원에서
② 현대인의 필수품인 휴대전화에서
③ 우리가 사용하고 버린 폐전자제품에서
④ 우리가 살고 있는 도시 근처의 광산에서

32~34 다음을 읽고 내용이 같은 것을 고르십시오.

32.

> 아이들의 출입을 금지하는 노키즈존(No Kids Zone)에 대한 찬반 논란이 뜨겁다. 노키즈존을 반대하는 입장의 사람들은 합리적 이유 없이 성별이나 종교, 나이, 외모 등을 이유로 차별대우를 하는 것은 '평등권 침해'라고 주장한다. 그러나 노키즈존을 선택한 업주들은 아이들이 소란을 피우면서 발생하는 고객 불만이 크고 안전사고 발생의 우려도 있기 때문에 어쩔 수 없다고 말한다.

① 노키즈존을 선택하는 업주가 늘고 있는 추세이다.
② 소란을 피우지 않는 아이는 노키즈존에 들어갈 수 있다.
③ 평등권 침해를 이유로 노키즈존을 반대하는 사람들이 있다.
④ 아이로 인한 안전사고를 경험한 업주들은 노키즈존을 선택한다.

33.

> 화장을 했다면 화장 장려금을 잊지 말아야 한다. 전국 지방자치단체 중 81곳의 지방자치단체에서는 화장을 장려하기 위해 화장 장려금을 지급하고 있다. 그런데 많은 유족이 이것을 몰라 화장 장려금을 받지 못하는 경우가 많다고 한다. 화장 장려금은 돌아가신 분이 해당 지방자치단체에서 거주한 사람이어야 받을 수 있다. 그리고 신청 기간과 액수는 지방마다 다르다고 하니 해당 지방자치단체에 꼭 문의하는 것이 좋다.

① 화장을 하면 화장 장려금을 받을 수 있다.
② 화장 장려금은 화장을 하기 전에 신청해야 한다.
③ 화장 장려금은 전국의 모든 지방자치단체가 지급한다.
④ 화장 장려금은 유족이 거주하는 해당 지방자치단체에 신청한다.

34.

> 취업을 하지 못하거나 취업을 했는데도 수입이 적어 부모에게 의지하고 사는 사람들이 늘고 있다. 이런 사람들을 캥거루 새끼가 어미 캥거루 주머니 품속에 있는 것과 같다 하여 캥거루족이라고 부른다. 캥거루족이라는 말은 청년 실업 문제를 표현한 다른 말이기도 하다. 그런데 캥거루족은 한국에만 존재하는 것이 아니다. 일본에서는 취업을 하지 않고 아르바이트만 한다는 뜻으로 프리터(Freeter)라고 하고, 영국에서는 부모의 연금을 축낸다는 뜻으로 키퍼스(Kippers)라고 하며, 프랑스에서는 탕키(Tanguy)라고 한다.

① 캥거루족은 전 세계적으로 유행이다.
② 캥거루족 현상은 한국에서 시작하였다.
③ 캥거루족 현상은 청년 실업 문제와 관계가 있다.
④ 캥거루족은 부모를 모시고 사는 사람들을 말한다.

35~38 다음 글의 주제로 가장 알맞은 것을 고르십시오.

35.

> 날이 쌀쌀해지면서 화재 신고도 늘고 있다. 그런데 화재 원인 중 상당수가 전열 기구 취급 부주의, 음식물 조리, 쓰레기 소각, 담뱃불, 불장난처럼 부주의에 의한 것이라고 한다. '설마 불이 나겠어?', '괜찮겠지' 등과 같은 안일한 생각은 버리고 만약을 대비하여 스스로 화재 예방에 최선을 다해야 화재로 인한 불행을 막을 수 있을 것이다.

① 부주의에 의한 화재가 가장 많다.
② 날이 쌀쌀해지면 화재가 느는 법이다.
③ 화재에 대한 안일한 생각을 버려야 한다.
④ 만약을 대비하여 화재 예방 훈련을 하면 좋다.

36.

국내 한 대학원의 연구환경실태 조사에 따르면 대학원생의 1년 휴가 일수는 평균 7일에 그친 것으로 나타났다. 교수의 지도를 받는 학생이라는 이유로 교수의 업무를 돕는 근로자로서의 지위를 인정받지 못한 결과이다. 이에 정부는 지난해부터 정부 출연 연구기관에서 근무하는 대학원생의 근로계약에 착수했다. 그러나 각 대학의 사정이 다르고 교수들의 반발이 있어 그 외 연구기관으로의 확대는 쉽지 않을 것으로 보인다.

① 대학원생의 근로자적 지위를 인정해야 한다.
② 연구기관에서는 대학원생을 채용해서는 안 된다.
③ 연구기관의 사정을 고려하여 대학원생을 고용해야 한다.
④ 대학원생은 연구에 전념해야 하므로 휴가를 가선 안 된다.

37.

태풍은 적도 지방의 에너지를 극지방으로 전달하며 지구의 에너지 불균형을 해소하는 중요한 기능을 한다. 그런데 최근 지구 온난화로 적도 지방과 극지방 간 에너지 격차가 줄면서 태풍의 이동 속도가 느려지고 있다고 한다. 태풍의 속도가 느려지면 태풍이 특정 지역에 머무는 시간이 길어지게 된다. 지구 온도가 1도 상승할 때마다 습도는 7%씩 상승하게 되는데 이렇게 되면 특정 지역에 폭우가 집중적으로 내리게 되어 피해는 더욱 커진다.

① 태풍으로 인해 지구 온난화의 속도가 느려지고 있다.
② 지구 온난화로 지구의 에너지 불균형이 해소되지 못하고 있다.
③ 태풍은 극지방의 에너지를 적도로 전달하는 중요한 역할을 한다.
④ 지구 온난화가 태풍의 속도에 영향을 미쳐 태풍의 피해가 커지게 된다.

38.

컴퓨터가 고장이 나자 아들은 주말 내내 심심해했다. 컴퓨터 게임을 할 수 없어서이다. 다른 때 같으면 PC방에 갔겠지만 용돈마저 떨어져 PC방에도 가지 못했다. 소파에 누워 '심심해, 심심해'만 반복할 뿐이다. 그냥 그러려니 하고 잠시 나갔다 왔는데 아들은 잠이 들어 있었다. 주위에 책이 한 권 놓여 있는 것을 보니 읽다가 잠이 들었나 보다. 그러고 보니 요즘 아이들이 여가 생활이나 취미 생활로 할 만한 게 없는 것 같긴 하다.

① 컴퓨터를 빨리 고치지 않으면 아이들이 심심해한다.
② 컴퓨터 게임 때문에 아이들이 책을 읽는 시간이 줄었다.
③ 책을 읽는 것은 심심할 때 할 수 있는 가장 좋은 방법이다.
④ 아이들이 여가 생활이나 취미 생활로 즐길 만한 것이 없어 아쉽다.

39~41 다음 글에서 〈보기〉의 문장이 들어가기에 가장 알맞은 곳을 고르십시오.

39.

지방간은 간에 지방이 끼는 질병으로 보통 술을 많이 마시는 사람에게서 발병한다고 생각한다. (㉠) 그러나 술을 마시지 않는 사람에게서 지방간이 나타나기도 하는데 이를 비알코올성 지방간이라고 한다. (㉡) 비알코올성 지방간은 대부분 비만으로 인해 발생한다. (㉢) 그러므로 평소에 규칙적인 운동과 적절한 식이요법으로 비만으로 인한 지방간이 발병하지 않도록 사전에 노력을 해야 하고 정기적으로 건강검진을 받는 것이 좋다. (㉣)

> **보기** 그런데 비알코올성 지방간은 대부분 증상이 나타나지 않기 때문에 치료 시기를 놓치는 경우가 많다.

① ㉠   ② ㉡   ③ ㉢   ④ ㉣

40.

소득이 낮아 생활이 어려운 근로자와 가족에게 경제적인 도움을 주는 제도가 있다. (㉠) 바로 근로장려금 제도이다. (㉡) 근로장려금 제도는 저소득 근로자의 소득을 증가시켜 저소득 근로자가 극빈층이 되는 것을 예방하는 효과가 있고, 정부가 거둔 세금을 다시 지급하기 때문에 부가 재분배되는 효과도 있다. (㉢) 또한 소득파악이 어려운 빈곤층의 소득신고를 유도하기 때문에 복지행정이 정확해지고 효율적이게 되는 효과도 있다. (㉣)

> **보기** 지급되는 근로장려금은 급여 체계표에 따르므로 가구마다 다르다.

① ㉠   ② ㉡   ③ ㉢   ④ ㉣

41.

정부는 명절을 앞두고 가격 표시제 이행 실태 점검에 나설 예정이다. (㉠) 주요 점검 대상은 물가 상승 우려가 높은 품목과 가격 표시 관련하여 민원의 소지가 있는 점포이다. (㉡) 명절을 앞두고 있는 만큼 물가 상승 우려가 높은 제수용품을 집중 점검하고 이 밖에 농수축산물, 생필품, 가공식품 등에 대해서도 판매가격 표시, 단위 가격 표시 이행 여부와 권장 소비자 가격 표시 금지 규정 이행 여부를 점검한다. (㉢) 단, 상습 위반 점포에 대해서는 최고 1천만 원에 달하는 과태료를 부과하는 등 강력한 제재 조치를 취할 예정이다. (㉣)

> **보기** 가격 표시제를 준수하지 않는 점포에 대해서는 소상공인과 자영업자의 여건을 감안해 처벌보다 가격 표시제에 대해 지도한 후 추가 점검을 실시한다.

① ㉠   ② ㉡   ③ ㉢   ④ ㉣

다음을 읽고 물음에 답하십시오.

> "일본에도 공동묘지야 있다우."
>
> 나 역시 누가 듣지나 않는가 하고 아까부터 수상쩍게 보이던 저편 뒤로 컴컴한 구석에 금테를 한 동 두른 모자를 쓴 채 외투를 뒤집어쓰고 누워 있는 일본 사람과, 김천서 나하고 같이 오른 양복쟁이 편을 돌려다 보았다. 나의 말이 조금이라도 총독 정치를 비방하는 것은 아니지만, 그중에서 무슨 오해가 생길지 그것이 나에게는 염려되는 것이었다.
>
> (중략)
>
> "그야 좀 다르겠지마는, 어떻든지 일본에서는 주로 화장을 지내기 때문에 타고 남은…… 아마 목구멍 뼈라든가를 갖다가 묻고 목패든지 비석을 세운다우. 그러지 않아도 <u>살아 있는 사람도 터전이 좁아서 땅 조각이 금 조각 같은데, 죽는 사람마다 넓은 터전을 차지하다가는 이 세상에는 무덤만 남고 말지 않겠소.</u> 허허허."
>
> 나는 이러한 소리를 하면서도 묘지를 간략하게 하여 지면을 축소하고 남는 땅은 누구의 손으로 들어가고 마누 하는 생각을 하여 보았다.

42. 밑줄 친 부분에 나타난 사람의 무덤에 대한 태도로 알맞은 것을 고르십시오.

① 부정적이다   ② 수동적이다

③ 호의적이다   ④ 긍정적이다

43. 이 글의 내용과 같은 것을 고르십시오.

① 일본에서는 모든 사람을 화장한다.

② 나는 총독 정치를 비방한 것이 걱정되었다.

③ 김천서 나하고 같이 오른 양복쟁이는 일본 사람이다.

④ 나는 사람이 죽을 때마다 무덤을 쓰면 땅이 부족해진다고 생각한다.

다음을 읽고 물음에 답하십시오.

'귀한 자식 매 한 대 더 때리고, 미운 자식 떡 하나 더 준다.'는 말이 있다. 자식이면 다 같은 자식이지 귀한 자식이 어디 있고 미운 자식이 어디 있겠냐마는 이 말을 통해 우리 조상들이 (   ) 알 수 있다. 자식이라는 존재는 눈에 넣어도 아프지 않을 정도로 귀하고 예쁘기 때문에 원하는 것은 뭐든지 해 주고 싶은 게 부모의 심정이다. 그러다 보니 부모는 자식에게 힘든 일, 어려운 일을 시키지 않으려 하고 자식은 그런 일을 통해 배울 수 있는 소중한 경험을 놓치게 된다. 그리고 자식이 잘못을 해도 잘못을 지적해 주지 않기 때문에 자식은 잘잘못을 모른 채 성장하게 된다. 그러므로 자식이 귀할수록 부모는 매 한 대 때리는 마음으로 자식이 잘못되지 않도록 가르쳐야 한다. 반대로 자식을 키우다 보면 부모의 뜻을 거슬러 자식이 마음에 들지 않을 때가 있다. 이때 감정이 상한 상태로 자식을 훈육하다 보면 자칫 자식이 화풀이의 대상이 될 수 있다. 그럴 때일수록 떡을 하나 더 주는 마음으로 자식을 이해할 필요가 있다.

44. 이 글의 주제로 알맞은 것을 고르십시오.
① 모든 부모에게는 귀한 자식과 미운 자식이 따로 있다.
② 자식이 귀하다고 뭐든지 다 해 주다 보면 자식이 잘못될 수 있다.
③ 자식 때문에 화가 나는 일이 있어도 자식에게 화를 내면 안 된다.
④ 자식은 매를 드는 마음으로 가르치고 떡을 주는 마음으로 이해해야 한다.

45. (   )에 들어갈 내용으로 알맞은 것을 고르십시오.
① 자식을 키울 때 어떤 마음을 가졌는지
② 귀한 자식과 미운 자식을 어떻게 키웠는지
③ 자식을 매로써 가르치고 떡으로 달래 준 것을
④ 자식과 사이에 문제가 생기면 어떻게 극복했는지

다음을 읽고 물음에 답하십시오.

기존의 프린터는 텍스트나 이미지 문서를 출력해 내는 기계인 데 반해 3D프린터는 3차원 입체 공간에 인쇄하듯 물건을 만들어 내는 기계이다. (㉠) 실제로 두바이에서는 76평 규모의 사무실을 3D프린터로 만들었고 중국에서는 빌라를 지었다. (㉡) 이 두 건물 모두 기존 방식으로 지은 건물보다 비용과 시간을 절약하였는데 중국의 경우 하루에 10채의 빌라 건물을 만들었다고 한다. (㉢) 이 밖에도 3D프린터로 자동차를 만들 수 있는데 이렇게 만든 자동차는 아주 가볍고 필요한 부품도 적어 비용이 70% 이상 절감된다고 한다. (㉣) 미래에는 3D프린터로 또 무엇을 만들 수 있을지 기대된다.

46. 다음 문장이 들어가기에 가장 알맞은 곳을 고르십시오.

3D프린터는 작고 세밀한 물건뿐만 아니라 사람이 살 수 있는 집도 만들어 낼 수 있다.

① ㉠   ② ㉡   ③ ㉢   ④ ㉣

47. 이 글의 내용과 같은 것을 고르십시오.

① 3D프린터로 물건을 만들면 시간과 비용을 절약할 수 있다.

② 미래에는 모든 물건을 3D프린터로 만드는 시대가 될 것이다.

③ 3D프린터로 만든 자동차는 가벼워서 기름값이 70% 절약된다.

④ 두바이의 건물은 기간을 줄였고 중국의 건물은 비용을 절감했다.

지하철에 임산부 배려석이 설치되면서 임산부 배려석에 대한 논란이 뜨겁다. 임산부 배려석을 항상 비워 두어야 하는가에 대한 사람들의 생각이 다르기 때문이다.

임산부에게 자리를 양보하는 것은 의무가 아니다. 말 그대로 배려이다. 이 때문에 임산부 배려석에 앉아 있는 사람에게 자리를 양보해 달라고 요구할 수 있는 임산부는 드물다. 게다가 초기 임산부는 임신을 했다는 것이 외적으로 잘 드러나지 않기 때문에 자리 양보를 받는 것은 더욱 힘들다. 이 때문에 진정 (   ) 임산부가 마음 편히 이용할 수 있도록 항상 비워 두어야 한다고 말하는 사람들이 있다.

반면에, 임산부 배려석을 항상 비워 두는 것은 비효율적이라고 말하는 사람들이 있다. 사람들로 붐비는 지하철에서 임산부 배려석을 비워 두면 안 그래도 복잡한 지하철은 더 복잡해진다. 그 때문에 임산부가 없을 때는 임산부 배려석에 앉았다가 임산부가 주변에 있다면 그때 자리를 양보해 주면 된다는 것이 그들의 생각이다.

이 문제를 해결하기 위해 얼마 전 부산에서는 지하철에 핑크라이트를 설치했다고 한다. 핑크라이트는 임산부가 반경 2m 이내에 들어오면 불빛이 반짝이기 때문에 불빛이 반짝이지 않는다면 굳이 자리를 비워 두지 않아도 되고, 불빛이 반짝인다면 임산부를 쉽게 찾을 수 있기 때문에 임산부에게 자리를 쉽게 양보할 수도 있다. <u>핑크라이트가 부산 지역에서 효과를 보고 있다고 하니 전국으로 확대되어 일반 승객이나 임산부가 모두 지하철을 편하게 이용할 수 있기를 기대해 본다.</u>

48. 필자가 이 글을 쓴 목적을 고르십시오.

① 핑크라이트가 전국으로 확산된 배경을 설명하기 위하여

② 임산부 배려석 논란에 대한 해결 방법을 제시하기 위하여

③ 임산부 배려석 논란에 대한 대책 마련을 요구하기 위하여

④ 임산부 배려석을 비워 두어야 한다는 의견을 지지하기 위하여

49. (   )에 들어갈 내용으로 알맞은 것을 고르십시오.

① 임산부를 발견하게 된다면

② 임산부를 배려하기 위한 좌석이라면

③ 임산부 배려석에 대한 논란을 잠재우려면

④ 임산부에게 자리를 양보하고 인정받고 싶다면

50. 밑줄 친 부분에 나타난 필자의 태도로 알맞은 것을 고르십시오.

① 핑크라이트가 전국적으로 확대될 것이라고 예측하고 있다.

② 핑크라이트를 전국으로 확대하기 위한 방안을 제안하고 있다.

③ 핑크라이트를 전국의 지하철에 설치해야 한다고 주장하고 있다.

④ 핑크라이트가 전국으로 확대되었을 때의 상황을 경계하고 있다.

모의고사 2회

1~2 ( )에 들어갈 가장 알맞은 것을 고르십시오.

1. 급한 일이 있어서 밥을 ( ) 서둘러 자리에서 일어났다.

   ① 먹거나 ② 먹어도 ③ 먹으려면 ④ 먹자마자

2. 매일 공부를 꾸준히 ( ) 성적이 오를 것이다.

   ① 하고자 ② 하도록 ③ 하다 보면 ④ 하는 데다가

3~4 다음 밑줄 친 부분과 의미가 비슷한 것을 고르십시오.

3. 아기가 우는 걸 보니 <u>배가 고픈 모양이다.</u>

   ① 배가 고파 온다 ② 배가 고플 뿐이다

   ③ 배가 고픈 것 같다 ④ 배가 고플 지경이다

4. 선생님이 지목한 사람이 내가 <u>아니길 바랐다.</u>

   ① 아닐 수 있다 ② 아닌가 보다

   ③ 아닌 셈이었다 ④ 아니었으면 했다

5~8 다음은 무엇에 대한 글인지 고르십시오.

5.
> ## 레이온 100% 원단에 강력한 보습 성분 함유
> ## 아기 피부에도 안심하고 사용하세요

   ① 칫솔 ② 수건 ③ 영양제 ④ 물티슈

6.
> ## 독감 예방접종 무료
> ## 가족 모두 접종하고 건강한 겨울 보내세요~

   ① 약국 ② 병원 ③ 마트 ④ 제약회사

7.

무더운 여름, 넥타이를 풀어 보세요.
체감 온도가 2℃ 내려갑니다.

① 예절 교육   ② 건강 관리   ③ 전기 절약   ④ 환경 보호

8.

| 1. **업무 내용**: 환전 업무 |
| 2. **접수 기간**: 2018.11.20 ~ (충원 시) |
| 3. **모집 대상**: 단기, 장기 아르바이트 및 정직원 |

① 사원 모집   ② 제품 설명   ③ 호텔 광고   ④ 등록 문의

9~12 다음 글 또는 그래프의 내용과 같은 것을 고르십시오.

9.

나만의 에어로켓 만들기

우주항공박물관 교육 프로그램 안내

이용 기간 2018.1.1~12.31(주말 제외)
이용 시간 60분
이용 대상 초등학교 3학년~6학년
교육 인원 30명 이내
*10인 이상만 예약 가능하며 개별 예약은 불가합니다.

① 단체 예약만 가능하다.
② 프로그램은 초등학교에서 이뤄진다.
③ 2018년 연중에 매일매일 교육이 진행된다.
④ 교육 인원이 10인 이하이면 교육이 취소된다.

10.

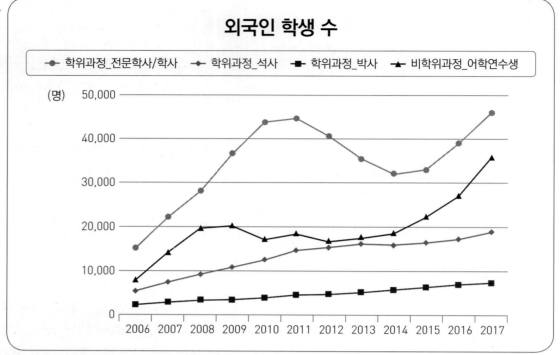

① 석사과정 외국인 학생 수는 비학위과정 학생 수보다 많다.

② 어학연수생이 전문학사/학사과정 외국인 학생 수보다 더 많다.

③ 박사과정 외국인 학생 수는 가장 적지만 꾸준히 상승하고 있다.

④ 학사과정 외국인 학생 수가 전체 학생 중 차지하는 비율이 가장 높다.

11.

　　대전 학생교육문화원에서는 7월부터 다문화가정 학생을 대상으로 '찾아가는 다문화 어울림 강좌'를 운영한다고 밝혔다. 이 강좌는 다문화가정 학생의 교육 참여 기회를 확대하기 위해 개설되었으며 다문화가정 학생의 기초 학력 증진 및 사회 적응력 향상을 목적으로 하고 있다. 이 강좌는 전 과정이 외부 전문가의 공정한 심사를 거쳐 선정된 우수한 프로그램으로 구성되어 있다.

① 다문화가정 학생은 교육 참여 기회가 적다.

② 외부 전문가가 진행하는 교육 프로그램이다.

③ 다문화가정에 직접 찾아가는 교육 프로그램이다.

④ 다문화가정 학생의 기초 학력 증진을 위한 프로그램이다.

12.

> 사회적 기업이란 이익 창출을 목적으로 하는 일반 기업과는 달리, 기업 이익을 사회에 환원하는 것을 목적으로 하는 기업을 말한다. 특히 사회적 기업은 취약 계층에게 안정적인 일자리를 제공하여 이들의 삶의 질을 높이고, 이윤을 사회적 목적에 재투자한다. 이러한 사회적 기업은 기업 내에 민주적인 의사 결정 구조를 반드시 갖추어야만 설립이 가능하다.

① 사회적 기업은 이익을 추구하지 않는다.
② 모든 사회적 기업은 민주적으로 의사 결정을 한다.
③ 일반 기업은 창업 후 사회적 기업으로 전환할 수 없다.
④ 사회적 기업은 장애인, 저소득층 등 취약 계층만 고용해야 한다.

13~15 다음을 순서대로 맞게 배열한 것을 고르십시오.

13.

> (가) 따라서 피곤하다고 에너지 드링크를 너무 많이 마시면 안 된다.
> (나) 카페인과 당분, 타우린이 다량 함유되어 있기 때문이다.
> (다) 에너지 드링크는 단시간에 피로를 해소시키는 효과가 있다.
> (라) 이 성분은 과도하게 섭취할 경우 부작용을 일으킬 수 있다.

① (나)-(라)-(다)-(가)   ② (나)-(가)-(라)-(다)
③ (다)-(나)-(라)-(가)   ④ (다)-(라)-(가)-(나)

14.

> (가) 이에 각 지역에서는 시장을 관광지로 활성화시키려고 노력하고 있다.
> (나) 대형 마트와 온라인몰의 등장으로 전통시장이 활기를 잃어가고 있다.
> (다) 또한 상품권을 발행하여 지역 주민의 전통시장 이용률을 높이고 있다.
> (라) 전통시장 상인들도 배달 서비스 등을 선보여 전통시장 활성화에 적극적으로 동참하고 있다.

① (나)-(다)-(가)-(라)   ② (나)-(가)-(다)-(라)
③ (라)-(다)-(나)-(가)   ④ (라)-(가)-(다)-(나)

15.

> (가) 길을 가던 행인이 갑자기 가슴을 부여잡으며 쓰러졌다.
> (나) 알고 보니 그 학생은 며칠 전 학교에서 심폐소생술을 배운 바 있었다.
> (다) 심폐소생술 등의 응급처치 교육이 한 사람의 생명을 구한 것이다.
> (라) 이를 본 한 학생이 즉시 달려가 심폐소생술을 한 덕분에 행인을 살릴 수 있었다.

① (가)-(라)-(나)-(다)　　　　　　② (가)-(라)-(다)-(나)

③ (다)-(나)-(가)-(라)　　　　　　④ (다)-(라)-(가)-(나)

16~18 다음을 읽고 (　　)에 들어갈 내용으로 가장 알맞은 것을 고르십시오.

16.

> 　결혼을 꿈꾸고 있지만 복잡한 절차와 과도한 혼수 등으로 인해 결혼을 망설이는 사람들이 있다. 이들에게 작은 결혼식을 추천한다. 작은 결혼식은 (　　　　　　　　　) 예비부부의 혼인서약과 이를 축하하는 것에 의미를 두는 결혼식을 말한다. 보통 가족이나 친구 등 가장 가까운 사람들만 모인 자리에서 간소하게 한다.

① 결혼식을 치르지 않고

② 양가 가족들만 모인 자리에서

③ 불필요한 절차와 비용을 없애고

④ 예물과 혼수 등을 전혀 구입하지 않고

17.

> 　매해 여름마다 찾아오는 태풍은 흔히 '불청객'이라고 불리는 경우가 많다. 태풍이 지나간 자리에는 강한 바람과 많은 비로 인한 인명 피해와 시설물 피해가 발생하기 때문이다. 하지만 태풍은 여름날 메마른 땅을 적셔 주어 가뭄을 해갈시키기도 하고, 뜨거워진 바다를 뒤섞어 줌으로써 적조 현상을 없애 주기도 한다. 흔히 재해로만 생각하는 태풍이 사실은 (　　　　　　　　　)인 것이다.

① 한국에는 반드시 필요한 존재

② 없어선 안 될 소중한 자연 현상

③ 사람들에게 많은 피해를 주는 존재

④ 여름 바다를 식혀 주는 자연스러운 현상

18.

> 내 집 마련, 결혼 등 불확실한 미래에 대한 기대를 버리고 소확행을 택하는 사람들이 늘고 있다. 소확행은 '작지만 확실한 행복'이라는 뜻으로 (   )을 말한다. 커피와 함께 마카롱을 먹는 여유를 즐기거나, 근교로 짧은 여행을 다녀오는 등 자신이 좋아하는 것을 하면서 삶의 행복과 만족을 찾는 것이다.

① 주변 사람들과 함께하는 행복

② 적게 노력하고 오래 취하는 행복

③ 남들이 추구하지 않는 나만의 행복

④ 누구나 일상에서 추구할 수 있는 행복

19~20 다음을 읽고 물음에 답하십시오.

> 승합차가 사고 충격으로 한 바퀴를 구른 후 멈추지 않고 계속 달리는 것을 한 시민이 목격했다. 그는 전력 질주로 사고 차량을 뒤따랐고, 차의 왼쪽과 오른쪽을 번갈아 가며 차량 내부로 진입을 시도했다. (   ) 반쯤 열린 창문으로는 팔을 뻗어 시동키를 끄는 것도 불가능했다. 그는 소리를 지르며 계속 시동을 끄려고 했다. 이에 의식을 잃었던 운전자가 정신을 차리고 차를 세워 더 큰 사고를 막을 수 있었다.

19. (   )에 들어갈 알맞은 것을 고르십시오.

  ① 그러나   ② 게다가   ③ 이처럼   ④ 과연

20. 이 글의 내용과 같은 것을 고르십시오.

  ① 한 시민이 달리는 차량에 사고를 당했다.

  ② 승합차 운전자는 1차 사고 후 의식을 잃었다.

  ③ 한 시민이 차를 몰아 사고 차량의 뒤를 따랐다.

  ④ 달리는 차의 열쇠를 뽑아 차량을 멈출 수 있었다.

21~22 다음을 읽고 물음에 답하십시오.

> 웃음은 그 자체만으로 사람을 행복하게 하는 효과가 있다. 이러한 심리적 효능 말고도 웃음이 가지고 있는 효능은 무궁무진하다. 웃음은 소화효소의 분비를 촉진시켜 소화를 돕고 깊은 호흡으로 산소를 공급시켜 신진대사가 활발히 일어나도록 한다. 이러한 생리적 효능 외에도 사람들과의 안정적인 관계 맺기에 도움을 주는 사회적 효능도 있다. 그래서 사람들은 웃음을 만병통치약이라고 (　　　　　　　　) 말한다.

21. (　　　)에 들어갈 알맞은 것을 고르십시오.

① 입을 모아 　　　② 못을 박아

③ 발 벗고 나서 　　④ 눈에 불을 켜고

22. 위 글의 중심 생각을 고르십시오.

① 많이 웃을수록 좋다.

② 웃음에는 다양한 효능이 있다.

③ 웃음은 대인관계에 도움을 준다.

④ 웃음을 통해 건강한 삶을 살 수 있다.

23~24 다음을 읽고 물음에 답하십시오.

> 우리 어머니는, 그야말로 세상에서 둘도 없이 곱게 생긴 우리 어머니는, 금년 나이 스물네 살인데 과부랍니다. 과부가 무엇인지 나는 잘 몰라도 하여튼 동리 사람들은 날더러 '과부 딸'이라고들 부르니까 우리 어머니가 과부인 줄을 알지요. 남들은 다 아버지가 있는데, 나만은 아버지가 없지요. 아버지가 없다고 아마 '과부 딸'이라나 봐요.
>
> (중략)
>
> "옥희야, 이리 온. 와서 이 아저씨께 인사드려라."
>
> 나는 어째 부끄러워서 비슬비슬하니까, 그 낯선 손님이
>
> "아, 그 애기 참 곱다. 자네 조카딸인가?"
>
> 하고 큰외삼촌더러 묻겠지요. 그러니까 외삼촌은
>
> "응, 내 누이의 딸… 경선 군의 유복녀 외딸일세."
>
> 하고 대답합니다.

23. 밑줄 친 부분에 나타난 외삼촌의 심정으로 알맞은 것을 고르십시오.

① 안쓰럽다 　　　② 그립다

③ 불안하다 　　　④ 부끄럽다

24. 이 글의 내용과 같은 것을 고르십시오.

① 우리 아버지는 일찍 돌아가셨다.

② 외삼촌은 나에게 아저씨를 소개했다.

③ 우리 어머니와 아저씨는 친구 사이이다.

④ 우리 어머니는 과부가 무엇인지 잘 모른다.

[25~27] 다음 신문 기사의 제목을 가장 잘 설명한 것을 고르십시오.

25.

미세먼지에도 아이들 체육 활동, 학부모 발만 동동

① 미세먼지에도 진행된 체육 활동으로 학부모들이 걱정하고 있다.

② 아이들이 미세먼지의 유해성을 몰라 학부모들이 걱정하고 있다.

③ 미세먼지가 없는 날에 체육 활동을 하여 학부모들이 반기고 있다.

④ 미세먼지가 없는 날에 아이들과 학부모가 함께 체육 활동을 하고 있다.

26.

휴직 수당 제도 개선으로 남성 육아 휴직자 늘어

① 휴직 수당 제도를 만들면서 남성의 육아 휴직이 증가하고 있다.

② 남성의 육아 휴직을 장려하기 위해 휴직 수당제도를 신설하였다.

③ 휴직 수당 제도를 고쳤더니 육아 휴직을 신청하는 남성이 늘었다.

④ 휴직 수당 제도가 좋아지면서 여성보다 남성이 더 많이 육아 휴직을 신청했다.

27.

아파트값 고공행진으로 내 집 마련의 꿈도 날아가

① 아파트값이 치솟아 집을 장만하기가 매우 힘들어졌다.

② 아파트값이 안정화되면서 집을 장만하기가 수월해졌다.

③ 아파트값이 떨어지면서 아파트 거래량이 줄어들고 있다.

④ 아파트값이 서서히 오르면서 주택거래가 활기를 띠고 있다.

28~31 다음을 읽고 ( )에 들어갈 내용으로 가장 알맞은 것을 고르십시오.

28.

> 일(Work)과 삶(Life)의 균형(Balance)을 일컫는 '워라밸'은 바쁘고 힘든 사회생활에서 삶의 여유를 찾고자 하는 사람들의 최대 관심사이다. 통계에 따르면 워라밸이 가능한 경우 ( ) 이직할 마음이 있다고 답변한 사람이 70%에 육박했다. 이에 따라 각 기업에서도 직원들의 워라밸을 지원하기 위해 정시 퇴근, 휴가 보장, 퇴근 후 업무 지시 금지 등 다양한 제도를 도입하고 있다.

① 근무 실적에 따라 임금을 준다면
② 보수가 현재보다 적다고 하더라도
③ 업무량이 많아 야근을 하게 되더라도
④ 지금보다 훨씬 돈을 많이 벌 수 있다면

29.

> 과도한 스트레스로 인해 불면증을 호소하는 사람들이 늘고 있다. 그런데 이들은 스트레스 상황이 없어지면 불면증이 자연스럽게 호전될 것이라고 생각한다. 하지만 전문가의 말에 따르면 ( ) 잠을 못 자던 습관이 하나의 증상으로 굳어져 불면증이 개선되지 않는 경우가 많다고 한다. 따라서 불면증이 생기면 전문가를 찾아가 꾸준히 치료를 받는 것이 좋다.

① 약물요법 없이는
② 불면증이 호전되면
③ 스트레스의 강도와 상관없이
④ 스트레스 상황이 사라지더라도

30.

> ( ) 열차가 있다고 한다. 바로 바다열차이다. 바다열차는 강릉과 삼척 구간의 해안선을 따라 달리며 출발역에서 종착역까지 1시간 20분 정도 소요된다고 한다. 바다열차는 창문이 일반 열차에 비해 크고, 좌석이 바다를 향하고 있어 바다를 잘 볼 수 있게 되어 있다. 가족석과 프러포즈실은 가운데 테이블이 있고 서로 마주 보게 되어 있어 가족이나 연인과 잊지 못할 추억을 만들기에 안성맞춤이다.

① 바닷속을 볼 수 있는
② 바다를 보면서 달리는
③ 바닷가 마을 사람들을 위한
④ 바다를 보며 프러포즈를 할 수 있는

31.

앞으로 대형 마트에서 일회용 비닐봉지를 볼 수 없게 될 수도 있다. 정부가 재활용 폐기물을 줄이기 위한 종합대책을 내놓았기 때문이다. 대형 마트뿐만 아니라 편의점, 커피숍, 패스트푸드점에서도 일회용품 및 비닐 사용, 과대 포장을 줄이기 위한 노력을 기울이고 있다. 그러나 (   ) 일회용품 사용에 대한 소비자의 인식 변화가 우선돼야 할 것이다.

① 모든 매장에서 일회용품을 사용하지 않으므로

② 기업은 소비자의 요구를 따라갈 수밖에 없으므로

③ 기업의 경우 일회용품 사용에 대한 경각심이 없으므로

④ 정부가 일회용품 사용에 대해 강력한 대책을 세웠으므로

32~34 다음을 읽고 내용이 같은 것을 고르십시오.

32.

한국에서 로스쿨 제도를 시행한 이후 변호사 시험 합격률은 50%가 되지 않는다. 그런데 일부에서는 앞으로 변호사 수가 늘어나면 과다 경쟁이 발생하여 수임이 줄어들 수 있으므로 변호사 합격률을 낮게 유지해야 한다고 주장한다. 그러나 로스쿨 제도는 변호사를 많이 배출시켜 서민들도 다양한 법률 서비스를 제공받을 수 있게 하기 위해 도입된 제도임을 잊어서는 안 된다.

① 현재 변호사 시험 합격률은 높은 편이 아니다.

② 변호사 간의 과다 경쟁은 국민에게 불편을 줄 것이다.

③ 변호사 합격률을 높이면 여러 가지 문제점이 생길 것이다.

④ 국민은 로스쿨을 통해 다양한 법률 서비스를 제공받고 있다.

33.

한국의 출산율은 전 세계와 비교해도 매우 위험한 수준에 이르렀다. 정부는 이를 극복할 파격적인 정책을 추진하겠다고 공언해 왔다. 그러나 최근 발표된 저출산 종합 대책은 기대한 것에 비해 매우 실망스럽다는 의견이 많다. 사람들 대다수가 돈 몇 푼 지원한다고 아이를 더 낳지는 않을 것이라고 쓴소리를 했다. 자기 자신 한 사람도 책임지기 힘든 나라에서 자녀의 인생을 책임질 수 없다면 차라리 낳지 않는 것이 낫다는 것이다.

① 사람들은 아이를 키울 돈이 없어서 출산을 꺼린다.

② 정부는 저출산 극복을 위한 파격적인 정책을 발표했다.

③ 정부의 저출산 종합대책은 경제적 지원이 주를 이룬다.

④ 사람들은 정부의 저출산 종합대책을 전혀 기대하지 않았다.

34.

풍물놀이는 꽹과리, 징, 장구, 북의 타악기가 기본이 되고 태평소 등이 더해져 행렬을 이루어 연주하거나 집단적인 움직임을 보여 주는 놀이이다. 풍물놀이는 상고시대 전쟁에서 군대의 사기를 높이기 위해 타악기를 연주한 것에 유래를 두기도 한다. 그러나 대체로는 농사일의 노고를 덜고 생산 작업의 능률을 올리기 위한 오락적 행위와 풍년을 기원하는 주술적인 행위에서 발전했을 것으로 보고 있다.

① 풍물놀이는 타악기만 연주하는 놀이이다.
② 풍물놀이는 군대에서 군인들이 즐기던 놀이이다.
③ 풍물놀이는 농부들이 주를 이루어 즐기던 놀이이다.
④ 풍물놀이는 농경 문화를 바탕으로 생겨났다고 보고 있다.

35~38 다음 글의 주제로 가장 알맞은 것을 고르십시오.

35.

부모가 되면 누구나 아이에게 다정다감하고 친절한 부모가 되겠다고 다짐한다. 그러나 친절이 과잉보호가 되면 아이를 지나치게 의존적으로 만들 수 있다. 따라서 부모도 때로는 아이에게 불친절할 필요가 있다. 아이에게 실패할 경험을 주자. 그리고 부족함을 느끼게 하자. 아이는 당장은 실망하더라도 실패를 극복하는 방법과 부족함을 견디는 자제력, 부족함을 채우려는 의지를 다져 나갈 것이다. 아이의 잠재력은 이를 통해 성장한다.

① 친절한 부모는 자녀를 의존적인 아이로 만든다.
② 아이들에게 불친절한 부모가 될수록 아이가 강하게 성장한다.
③ 아이들은 부모를 거울삼아 자라므로 부족한 모습을 모이면 안 된다.
④ 아이들은 실패와 부족함을 스스로 해결하면서 잠재력을 키워 나간다.

36.

> 여름에는 무더운 날씨로 체온이 올라 많은 땀을 흘리게 된다. 땀을 많이 흘리면 체내의 수분과 염분이 손실되어 탈수 증상이 일어나기 쉽다. 이런 증상이 심해지면 일사병이나 열사병과 같은 온열 질환에 걸릴 수 있다. 온열 질환을 예방하기 위해서는 장시간의 실외 활동을 피해야 하며 수시로 수분을 섭취하여야 한다. 수분이 풍부한 수박, 참외 등 제철 과일을 먹는 것도 좋은 방법이다.

① 여름철에는 야외 활동을 피해야 한다.
② 탈수 증상이 심해지면 온열 질환에 걸릴 수 있다.
③ 온열 질환을 예방하려면 자주 수분을 섭취해야 한다.
④ 땀을 많이 흘리면 체내 수분이 손실되면서 염분이 증가한다.

37.

> 오페라와 뮤지컬은 둘 다 연극에 음악을 결합한 종합예술이기 때문에 그 차이를 설명하기 쉽지 않다. 그러나 한 가지를 말하자면 뮤지컬은 노래할 때 마이크를 사용하고 오페라는 사용하지 않는다는 것이다. 이것은 노래하는 연기자의 발성에 그 이유가 있다. 뮤지컬은 팝, 발라드, 랩 등 대중음악을 부를 때 내는 발성법을 사용하므로 마이크가 필요하다. 반면에 오페라는 성악 발성을 하기 때문에 극장의 공명만으로도 문제없이 관객에게 노래를 전달할 수 있다.

① 연기자의 발성의 중요성   ② 오페라와 뮤지컬의 차이점
③ 연극과 음악을 결합한 종합예술   ④ 종합예술로서의 오페라와 뮤지컬

38.

> 최근 일부 사립유치원에서 운영자의 사적 이익을 위해 정부 지원금과 원비를 부적절하게 사용한 사실이 밝혀졌다. 이로 인해 사립유치원을 기피하고 국공립 유치원의 추가 설립을 요구하는 부모들도 많아지고 있다. 그러나 무조건적인 국공립 유치원의 설립보다 국민의 세금으로 지급된 지원금을 관리하고 감독할 수 있는 체계를 만드는 것이 더 중요하다.

① 아이들을 돈벌이 수단으로 여겨서는 안 된다.
② 국공립유치원의 설립을 조속히 추진해야 한다.
③ 사립유치원에 대한 지원금 지급을 중단해야 한다.
④ 정부 지원금이 잘 운용되고 있는지 철저히 살펴야 한다.

39~41 다음 글에서 〈보기〉의 글이 들어가기에 가장 알맞은 곳을 고르십시오.

39.

스웨덴의 한림원은 해마다 노벨문학상을 시상해 온 곳이다. (㉠) 그러나 최근 한 종신위원의 남편이 일으킨 성추문 사건에 대해 미온적으로 대처하는 바람에 논란이 있었다. (㉡) 결국 한림원이 이 논란을 의식하여 지난 5월 노벨문학상 선정과 시상을 취소했다. (㉢) 이들은 한림원을 겨냥해 비정상적인 과정을 거치지 않고도 훌륭한 작품이 탄생할 수 있다는 것을 보여 주겠다고 말했다. (㉣) 아울러 '가장 뛰어난 작품'이 아닌 '사람의 이야기를 잘 담은 작품'을 선정할 것이라고 강조했다.

> **보기** 그러자 스웨덴의 문화계 인사들은 새로운 아카데미를 설립하여 문학상을 시상하겠다고 나섰다.

① ㉠   ② ㉡   ③ ㉢   ④ ㉣

40.

스마트 강국이라 불리는 한국의 스마트기기 음성인식에 대한 소비자 만족도는 매우 낮게 나타난다. (㉠) 그 이유는 한마디로 기계가 사람의 말귀를 못 알아듣기 때문이다. (㉡) 아이들이 책을 읽고 대화를 하면서 언어를 배우듯이 컴퓨터도 어느 정도 언어를 학습해 놓아야 음성언어 인식률이 높아진다. (㉢) 그러나 한국은 언어 데이터베이스 구축 사업은 제쳐 두고 기업 간의 스마트기기 기술 경쟁만 해 온 셈이다. (㉣) 지금이라도 언어 데이터베이스를 구축하기 위해 노력해야 할 것이다.

> **보기** 이는 기술력의 문제가 아니라 국가적으로 구축해 놓은 언어 데이터베이스의 규모가 매우 작아서다.

① ㉠   ② ㉡   ③ ㉢   ④ ㉣

41.

흉터 치료와 상처 봉합에 탁월한 효과를 지닌 접착제가 개발되었다. (㉠) 이 의료용 접착제의 원료는 바로 홍합 단백질이다. (㉡) 홍합 단백질로 만든 이 접착제를 사용하면 실 없이도 상처 봉합이 가능하다. (㉢) 또한 흉터를 정상 피부로 돌리는 데에 효과적이라고 한다. (㉣) 특히 이 접착제는 치과 치료에서도 활용이 가능한데 타액이 있는 습윤한 환경 속에서도 기존의 접착제보다 10배 이상이나 높은 접착력을 자랑한다고 한다.

> **보기** 홍합은 강한 파도에도 떨어지지 않고 돌에 붙어 있을 수 있는데 이는 바로 이 홍합 단백질 덕분이다.

① ㉠   ② ㉡   ③ ㉢   ④ ㉣

42~43 다음 글을 읽고 물음에 답하십시오.

> 평소 친척, 특히 살림 궁색한 친척들 간에 순옥이 인색하고 몰인정하다는 소문이 나 있다는 것을 스스로도 모르고 있지 않았다. 심지어 순옥이 자식을 수태해 보지 못한 것도, 일찍 혼잣몸이 되어 사는 것도, 그녀의 유난히 인색한 성품 탓이나 죄과라고 뒷손가락질을 했다. 제까짓 것들이 뭐라든 돈이 있으면 개도 멍첨지가 되는 세상이야. 순옥은 흥, 코웃음을 쳤다.
>
> 전자오락실을 열고 있는 터라 마음과는 달리 당장 시누이에게 쫓아가는 것은 쉽지 않았다. 오락실은 겨울방학이 대목이었다. 발 디딜 틈 없이 종일 어린 꼬마로부터 청년에 이르기까지 손님이 들끓었다. 그런 중에도 오늘 열 일 젖히고 집을 나선 것은 지난밤의 꿈 탓이었다. 집채만 한 수퇘지가 문을 부수고 뛰어 들어와 가슴을 치받는 꿈을 꾸었던 것이다.

42. 밑줄 친 부분에 나타난 순옥의 태도로 알맞은 것을 고르십시오.

① 비아냥거리다 ② 즐거워하다

③ 딴청을 부리다 ④ 재밌어하다

43. 이 글의 내용과 같은 것을 고르십시오.

① 순옥이는 돈을 하찮게 여긴다. ② 순옥은 간밤에 돼지꿈을 꾸었다.

③ 순옥은 오늘도 전자오락실을 열었다. ④ 순옥은 남편없이 혼자 아이를 키웠다.

44~45 다음을 읽고 물음에 답하십시오.

> 정부와 기관이 함께 조사한 '공공기관 채용 비리 특별 점검' 결과 전국에서 총 4,788건의 채용 비리가 적발되었다. 채용 비리는 청탁을 하여 채용하거나 청탁이 없이 부정한 방법으로 채용된 경우를 모두 말한다. 채용 비리는 그 자체만으로 실업난에 허덕이는 청년들에게 상실감과 좌절감을 안겨 준다. 그뿐만이 아니라 사람들로 하여금 사회 전반에 대한 불신을 키우게 한다. 또한 채용 비리는 보직, 인사 이동, 승진 등 각종 인사 비리와 연결되어 결국 그 조직을 병들게 만든다. 특히 공공기관에서 자격이나 능력이 없는 사람을 부정한 방법으로 채용할 경우에는 더 큰 문제가 발생한다. 왜냐하면 무능한 사람을 채용한 데에 따른 위험을 (   ). 따라서 채용 비리를 지켜보는 대다수의 시민은 분노와 함께 불안감을 느낄 수밖에 없을 것이다.

44. 위 글의 주제로 알맞은 것을 고르십시오.

① 공공기관은 시민의 신뢰를 잃고 말았다.

② 채용 비리를 밝혀 공정한 사회를 만들어야 한다.

③ 공공기관의 채용 비리는 시민을 분노하고 불안하게 만든다.

④ 공공기관은 공정하고 적법한 절차를 거쳐 인력을 채용해야 한다.

Part 3 모의고사

45. ( )에 들어갈 내용으로 가장 알맞은 것을 고르십시오.

① 국가에서 해결해 주지 않기 때문이다

② 사회 전체가 떠안아야 하기 때문이다

③ 어느 누구도 감당할 수 없기 때문이다

④ 해결할 장치가 마련되지 않았기 때문이다

46~47 다음을 읽고 물음에 답하십시오.

전구가 발명되면서 우리는 하루를 좀 더 길게 사용할 수 있게 되었다. 그러나 최근 이러한 인공 빛이 공해가 되고 있다. 빛 공해는 과도한 인공조명으로 사람들이 피해를 보게 되는 현상이다. (㉠) 이를테면 잠을 자려고 침대에 들었는데 창문으로 빛이 들어와 잠을 못 이루거나, 자동차 헤드라이트 때문에 눈이 부시는 일 등을 말한다. (㉡) 이러한 피해는 결국 사람의 건강에 악영향을 미치게 된다. (㉢) 야행성 포유류의 경우 밤에 빛에 많이 노출되면 번식능력 저하로 개체수가 감소하게 된다. 야간에 이동하는 새들도 진로를 이탈하거나 건물에 충돌하는 경우가 생긴다. 또한 바다거북은 반짝이는 빛을 보면 물로 인식해 빛을 따라 도로나 인가로 기어가기도 한다. (㉣) 이렇듯 빛 공해는 그 자체로 에너지 낭비가 되고, 우리 건강과 생태계에도 악영향을 끼친다.

46. 위 글에서 〈보기〉의 글이 들어가기에 가장 알맞은 곳을 고르십시오.

> **보기** 그런데 빛 공해는 사람의 건강뿐만이 아니라 생태계에도 피해를 준다.

① ㉠   ② ㉡   ③ ㉢   ④ ㉣

47. 위 글의 내용과 같은 것을 고르십시오.

① 빛 공해는 밤에 주로 일어난다.

② 사람들은 인공조명 없이는 살 수 없게 되었다.

③ 바다거북은 밝은 것을 좋아해서 빛을 따라 움직인다.

④ 인공조명은 야행성 동물이 밤에 이동하는 것을 돕는다.

'나도 피해자'라는 미투(me, too) 운동이 시작된 이후, 사회가 여성에게 강요한 여성성을 거부하자는 움직임인 탈코르셋 운동이 확산되고 있다. 중세시대부터 여성이 잘록한 허리를 만들고 반대로 풍만한 가슴과 엉덩이를 돋보이게 하기 위해 입었던 코르셋을 이제는 벗어 던지자는 의미이다. 유명 배우는 물론 일반인까지도 동참해 화장하지 않은 민낯을 공개하며 남의 시선에 구애받지 말자고 주장한다. 이렇듯 이 운동은 사회가 여성에게 강요한 여성성에 순응하여 '예쁜 모습'을 지녀야만 자신의 가치가 올라가는 것을 느꼈던 여성 자신들에 대한 비판이기도 하다. 그런데 이들 중에는 탈코르셋에 동참하지 않는 여성을 비난하는 경우도 있다. 그러나 탈코르셋의 강요는 또 다른 코르셋이 될 수 있으므로 이는 지양해야 한다. 탈코르셋 운동은 그동안 사회에서 게으름이나 여성스럽지 못함으로 치부해 온 (   )를 찾자는 취지로 진행되어야 할 것이다.

48. 위 글을 쓴 목적으로 알맞은 것을 고르십시오.

① 탈코르셋 운동의 폐해를 밝히기 위해

② 탈코르셋 운동의 역사와 유래를 알리기 위해

③ 탈코르셋 운동의 의의를 제대로 전달하기 위해

④ 탈코르셋 운동에 동참하지 않는 사람들을 비판하기 위해

49. (   )에 들어갈 내용으로 가장 알맞은 것을 고르십시오.

① 남성다움의 권리

② 꾸미지 않을 권리

③ 자신을 사랑할 권리

④ 아름다움을 누릴 권리

50. 밑줄 친 부분에 나타난 필자의 태도로 알맞은 것을 고르십시오.

① 탈코르셋 운동의 지나친 확산을 경계하고 있다.

② 탈코르셋 운동의 취지가 변질되는 것을 우려하고 있다.

③ 화장을 하거나, 여성스러운 옷만 입는 여성을 비난하고 있다.

④ 자신의 외양을 아름답게 꾸밀 줄 아는 여성의 입장을 옹호하고 있다.

정답

Part 1 유형편

유형1 연습문제 1. ④ 2. ① 3. ② 4. ③ 5. ③ 6. ④ 7. ① 8. ③ 9. ② 10. ④

유형2 연습문제 1. ① 2. ② 3. ① 4. ③ 5. ② 6. ④ 7. ① 8. ② 9. ③ 10. ①

유형3 연습문제 1. ② 2. ② 3. ① 4. ④ 5. ① 6. ① 7. ③ 8. ②

유형4 연습문제 1. ④ 2. ③ 3. ① 4. ④ 5. ④ 6. ④ 7. ④ 8. ③ 9. ②

유형5 연습문제 1. ④ 2. ③ 3. ②

유형6 연습문제 1. ① 2. ④ 3. ④

유형7 연습문제 1. ③ 2. ④

유형8 연습문제 1. ③ 2. ③

유형9 연습문제 1. ① 2. ③

유형10 연습문제 1. ③ 2. ④ 3. ②

유형11 연습문제 1. ① 2. ②

유형12 연습문제 1. ② 2. ②

유형13 연습문제 1. ③ 2. ④

유형14 연습문제 1. ② 2. ④

유형15 연습문제 1. ① 2. ④

유형16 연습문제 1. ④ 2. ③

유형17 연습문제 1. ③ 2. ④

유형18 연습문제 1. ② 2. ③ 3. ③

Part 2 주제편

주제 01 사회
1. ① 2. ③ 3. ④ 4. ② 5. ④ 6. ④ 7. ④ 8. ① 9. ① 10. ④ 11. ② 12. ④

주제 02 환경
1. ① 2. ② 3. ② 4. ① 5. ① 6. ③ 7. ④ 8. ① 9. ② 10. ④ 11. ① 12. ③

Part 3 실전 모의고사

HOT
TOPIK 읽기 토픽II Reading

초판발행	2019년 4월 1일
초판 6쇄	2023년 11월 30일

저자	김순례, 고민지
편집	권이준, 김아영
펴낸이	엄태상
디자인	진지화
조판	이서영
콘텐츠 제작	김선웅, 장형진, 조현준
마케팅	이승욱, 왕성석, 노원준, 조성민, 이선민
경영기획	조성근, 최성훈, 김다미, 최수진, 오희연
물류	정종진, 윤덕현, 신승진, 구윤주

펴낸곳	한글파크
주소	서울시 종로구 자하문로 300 시사빌딩
주문 및 교재 문의	1588-1582
팩스	0502-989-9592
홈페이지	www.sisabooks.com
이메일	book_korean@sisadream.com
등록일자	2000년 8월 17일
등록번호	제300-2014-90호

ISBN 978-89-5518-599-7(13710)